Paul Josef Kardinal Cordes

Glut unter der Asche

Jüngste Irrwege
und verlässliche Wege
der Kirche

Mit einem philosophischen Essay
von Rocco Buttiglione

www.bebeverlag.at

Paul Josef Kardinal Cordes

Glut unter der Asche

Jüngste Irrwege
und verlässliche Wege der Kirche

Mit einem philosophischen Essay
von Rocco Buttiglione

Be+Be-Verlag: Heiligenkreuz 2021
ISBN 978-3-903602-24-3

Be ⊂⊃ Be

© Be+Be-Verlag
Heiligenkreuz im Wienerwald
www.bebeverlag.at

Direkter Vertrieb:
Be+Be-Verlag Heiligenkreuz
A-2532 Heiligenkreuz im Wienerwald
Tel. +43 2258 8703 400
www.klosterladen-heiligenkreuz.at
E-Mail: bestellung@klosterladen-heiligenkreuz.at

Paul Josef Kardinal Cordes

Glut unter der Asche

Jüngste Irrwege
und verlässliche Wege
der Kirche

Mit einem philosophischen Essay
von Rocco Buttiglione

www.bebeverlag.at

Inhaltsverzeichnis

Paul Josef Kardinal Cordes

Michel de Certeau
oder Gottes entstellte Offenbarung

DIE KIRCHE –
ANWALT GOTTES

„Lautlos naht der Kirche eine Grundgefahr: die Gefahr einer Zeit, in einer Welt, in der Gott nicht mehr geleugnet, nicht mehr verfolgt, sondern aus-geschlossen, in der er undenkbar sein wird; in einer Welt, in der wir seinen Namen heraus-schreien möchten, es aber nicht können, weil uns kein Plätz-chen bleibt, um unsere Füße hinzustellen."[1]

Madeleine Delbrêl († 1964)

---

[1] *Auf den Straßen verbirgt sich Gott*, München 2004, 63.

Hinführung

Die beiden Sinnprovinzen der Diesseits- und der Jenseits-Welt

Da geht ein Chirurg mit einem Kollegen seine letzte Bilddarmoperation durch. Es fallen Begriffe wie „Abdomen", „Darmperforation", „Peritonitis" und „Lymphfollikel". Der Nichtfachmann, der dabeisteht, wundert sich. Dann freilich erkennt er: Er ist kein medizinischer Profi; die Terminologie der Ärzte steht ihm nicht zu Gebote.

Fachgespräche gebrauchen Begriffe, die oft nicht zum Umgangsdeutsch gehören. Sie befassen sich mit umgrenzten Sektoren des Lebens und greifen Details auf. Darum nutzen sie spezifische, präzise Ausdrücke. Andere Daseins-Bereiche bleiben ausgegrenzt. Man bewegt sich auf einer „Insel des Wissens", die die Soziologie „Sinnprovinz" nennt. Mit treffenden Bezeichnungen versucht man, den typischen Inhalt der zu beschreibenden Wirklichkeit zu fassen. Gerade aus diesem Grunde bildet sich so eine besondere Redeweise: „Atome" gibt es für die Physik, „Viren" für die Medizin, „Synkopen" in der Musik. Mit eigenen Termini versucht man – nach dem Urteil von Wissenssoziologen – eine wie auch immer beschaffene „Realität" einzufangen; die gewählten Worte gaukeln demnach das Dasein nicht vor, sondern packen es verlässlich. Sie ermöglichen dadurch prinzipiell die bessere Erkenntnis von Wirklichkeit.[2]

Auf solche Sinnprovinzen stoßen wir ebenfalls, wenn Kinder ihre Spiele beschreiben: „Schlangensitzen", „Krokodilsee" oder „Stille Post". Dann zeigt sich, dass ein Wort fähig ist, eine bislang unbeachtete Bedeutung zusätzlich mitaufzunehmen. Es wird zur Brücke in eine neue Welt; erschließt einen anderen Lebensbereich. Wie es auch geschieht beim Öffnen des Theatervorhangs: Da sollen die Zuschauer dem Alltag entführt und in eine fremde Situation versetzt werden. Diese stammt aus der Phantasie eines Autors, und

---

2　Zu den „Sinnprovinzen" vgl. PETER L. BERGER, THOMAS LUCKMANN, *Die gesellschaftliche Konstruktion der Wirklichkeit*, Frankfurt 1974, 28f., 102f. u. ö.

nicht selten erschließen bislang geläufige Handlungen und Worte auf diese Weise etwas bislang völlig Unbekanntes.

„Hüben" und „Drüben"

Das Fundament unseres katholischen Glaubens ist die jüdisch-christliche Offenbarung: Gott greift sprechend und handelnd in die Geschichte der Menschheit ein. Bislang Fremdes, Neues zeigt sich. Dann erhält auch manch vertraute Handlung und Sache einen zusätzlichen Sinn: Weil die „Diesseits-Welt" in das Licht des Wortes Gottes tritt, mögen ihr Handlungen oder Dinge die bislang unbeachtete Bedeutung einer „Jenseits-Welt" geben. Vorgänge oder Dinge zeigen einen zweiten Aspekt. Die „schönen Sonne" etwa erhält nicht länger allein „vom Staub die größte Bewunderung" (Ingeborg Bachmann); sie wird auch durch die Hand des Schöpfers zu einem schlichten Instrument, das über die Erde hin leuchten soll (vgl. Gen 1,14ff.). Den Elementen des Alls wird durch die biblische Offenbarung eine weitere Bedeutung zuteil. In ihr stehen diesseitige und jenseitige „Sinn-Provinz" in Beziehung zueinander, überlappen sich gegebenenfalls und sind voneinander abhängig. Gleichzeitig sind beide Begriffsinhalte nicht zu vermengen, sondern klar auseinanderzuhalten. Ja, sie stehen zueinander nicht selten in Spannung.

Und es ist unser Glaube, der diese Ambivalenz auszuhalten hat. Zwei Zitate stellen uns die virulente Polarität von „Immanenz" und „Transzendenz" vor Augen:

> Friedrich Nieztsche: „Ich beschwöre euch, meine Brüder, bleibt der Erde treu und glaubt denen nicht, welche euch von überirdischen Hoffnungen reden! Giftmischer sind es, ob sie es wissen oder nicht."[3]

> Der Völkerapostel: „Irdisches haben sie (sc. die Feinde des Kreuzes) im Sinn. Unsere Heimat aber ist im Himmel. Von dorther erwarten wir auch Jesus Christus, den Herrn, als Retter, der unseren armseligen Leib verwandeln wird in die Gestalt seines verherrlichten Leibes." (Phil 3,19f.)

---

3   FRIEDRICH NIETZSCHE, *Also sprach Zarathustra*, Vorrede.

Doch die Polarität der Begriffsfelder erlaubt auch, mögliche Einsichten in das Feld des Übernatürlichen nicht auf Unzugängliches zu verkürzen, sondern unsere Umgangssprache öffnet sich Jenseitigem. Darum können religiöse Aussagen der menschlichen „Alltagswelt" verbunden werden: Versöhnung und Güte, Liebe und Heil. Was Transzendentes uns zu sagen hat, kann das konkrete Leben von Menschen erreichen. Wäre seine Botschaft „von einem anderen Stern", so misslänge leicht deren Relevanz für unser Urteilen und Handeln. Folglich haben sich die beiden Sinnprovinzen – Immanenz und Transzendenz – generell an ein und demselben Wort festzumachen. Und dessen Sinn wird zweifach, kann sogar Gegensätzliches aussagen. Dann mag „Freiheit" triebgesteuerte Libertinage meinen – aber auch den Akt der Lebenshingabe begründen: „Ich gebe es (mein Leben) freiwillig hin" (Joh 10,18); „Friede" kann als politische oder gesellschaftliche Harmonie verstanden werden – oder als Gottes SHALOM, der in Christus Person geworden ist: „Er ist unser Friede" (Eph 2,14).

Solche Doppelbedeutung nötigt zur Aufmerksamkeit. Erfahrungsgemäß treten im menschlichen Begriffsgebrauch die erlebten Gegebenheiten des Daseins stärker hervor. Informationen und Nachrichten befassen sich ja mit dem „Handfesten". Die Folge: die Glaubensdimension in unserm Denk-Horizont überzeugt weniger und verflüchtig sich ins Oberflächliche. Warum noch für Wein und Weizen um gutes Wetter beten – statt eine günstige Versicherung abzuschließen; warum sich nach einem dramatischen Verkehrsmanöver mit glücklichem Ausgang an himmlischen Schutz erinnern – statt sich seiner guten, funktionierenden Reflexe zu erfreuen? Erfahrung kann Jenseitigem dann die Glaubens-Relevanz mindern. Das Diesseits wird zur religiösen Falle.

Also ist Christen im Spannungsfeld „Gott und Welt" die Weltverachtung geboten? Keinesfalls! Unter allen Lehren vom Göttlichen, von denen uns die Religionswissenschaft berichtet, zeigt das Christentum eine charakteristische Besonderheit: Es ist erdverbunden. Der Völkerapostel Paulus, sein bedeutendster irdischer Bote, hat uns im Hymnus auf seinen Stifter Jesus Christus den Grund angegeben:

> Er – Gottes geliebter Sohn, das Ebenbild des unsicht-
> baren Gottes –
> „ist der Erstgeborene der ganzen Schöpfung.
> Denn in ihm wurde alles erschaffen
> im Himmel und auf Erden, [...],
> in ihm hat alles Bestand". (Kol 1,15-17)

Der Kosmos schuldet sich dem geliebten Sohn Gottes; in Christus ist er als Werk des Schöpfers zu erkennen. Er ist selbst der Erstgeborene der ganzen Schöpfung. So wurde er die greifbare Präsenz Gottes in der Welt. Und alles Irdische verdankt ihm das Dasein. Auch wenn das zitierte Christuslied des Kolosserbriefs fraglos Christi Ehre besingen will, so ist doch gleichzeitig eine kraftvollere Beteuerung der Würde alles Geschaffenen kaum denkbar. Demnach ermächtigt Gottes Menschwerdung das Diesseitige, etwas Jenseitiges zu vermitteln. Christi Heilswerk knüpft bei der geschöpflichen Realität an. Es wird einsichtig: Die „Welt" kann sowohl Ort wie Instrument allen dauerhaften Heils sein.

Das Zweite Vatikanische Konzil hat der Glaubensgemeinschaft Kirche zu Recht in Erinnerung gerufen, „wie viel sie selbst der Geschichte und Entwicklung der Menschheit verdankt" (*Gaudium et spes* 44). Kirchlicher Dienst am Glauben wie solcher in die Gesellschaft hinein wäre nicht denkbar ohne das Nutzen so vieler weltlicher Instrumente und Strukturen: humanitärer Einsatz für Notleidende, für Randgruppen, Alte, Kinder und Kranke; Verteidigung der Menschenrechte; ökologische Behutsamkeit; Psychologie im menschlichen Umgang und Bürokratisierung für die Verwaltung. Der Welt kommt schon um ihrer selbst willen eine hohe Wertschätzung zu, und die kirchliche Pastoral verdankt ihr darüber hinaus immer neue Anstöße. Das Zueinander von Kirche und Welt nennt deshalb ein großer Theologe eine „gezügelte Symbiose" (Kardinal Alois Grillmeier SJ, † 1998).

Transparenz

Als „gezügelte Symbiose" muss dem Glaubenden freilich die Schöpfung in ihrem Selbstwert offenbleiben für „Erlösung", für den Empfang der Gnade – hin auf die göttliche Selbstmitteilung und den Vollzug des göttlichen Lebens. Denn damit Heil gelingen kann, haben die geschaffenen Dinge notwendig die genannte zweite Dimension anzuzeigen. Der Theologe Karl Rahner SJ († 1984) hat dies Erfordernis durchdacht. Er hält zunächst fest: Es ist die Überlappung weltlicher Errungenschaften mit der kirchlichen Sendung, die der Kirche die Chance bietet, „die Kräfte der Wahrheit und die Gnade der Erlösungsordnung [...] in die Welt hineinzutragen"; auf diese Weise wird der „erlebten und erlittenen Gnade Gottes in der Kirche [...] Greifbarkeit gegeben." Dann aber hätten Christen – zweitens – die mühevolle Verpflichtung, die natürlichen physischen und kulturellen Sachgebiete fortwährend dem Licht des Glaubens auszusetzen. „Schöpfungswirklichkeit" darf „Erlösungswirklichkeit" nicht schlucken. Die eine meint die Natur und das bloß Irdische; die andere gilt der Transzendenz. Wohl sind beide Dimensionen unaufhebbar miteinander verquickt, doch haben beide Sinnprovinzen ihr unverzichtbares Eigen-Gewicht.[4]

Wegen des hohen Ranges, den die „Diesseits-Welt" für Leben und Tun beansprucht, darf die Kirche ihren spezifischen Part nicht relativieren. Denn es ist ja erst Gottes Heilswerk, das definitive Erlösung schafft. Die jüdisch-christliche Offenbarung hat es sie gelehrt. Gottes Wort ist allem kirchlichen Engagement ein für alle Mal vorgeordnet, und es ist mit dem Tod des letzten der von Jesus bestellten Apostel abgeschlossen.[5]

Jesu Selbstmitteilung in Gottes Wort bleibt demnach das bestimmende Fundament unseres Christseins, das unverrückbare Maß; es ist ohne Verfälschung anzunehmen. Gewiss zielt seine Botschaft auf Widerhall bei den Hörern und will in ihnen ein Echo wecken. Doch das Herz des Menschen wird darum nicht selbst zur Offenbarungsquelle. Unser Alltagsbewusstsein folgt schließlich so

---

4   Vgl. hierzu KARL RAHNER, *Erlösungswirklichkeit in der Schöpfungswirklichkeit*, in: DERS., *Sendung und Gnade*, Innsbruck 1959, 51–88, bes. 87.
5   *Dogmatische Konstitution DEI VERBUM 4.*

manchen unterschiedlichen Inspirationen. Selbst beim gläubigen Jünger mischen sie sich mit irdischer Intuition und fragwürdiger Neigung. Auch ist die Welt gefräßig und bestrebt, unser Denken zu erobern. Erlebnisse und sinnenhafte Wahrnehmung laden uns mit Diesseits-Eindrücken auf. Sie drängen uns, dem „diesseitigen Rahmen" unseres Lebens Vorrang einzuräumen. Wer nachgibt, möchte dann bald die Vollendung der Welt und die Seligkeit der Menschen durch die Kräfte der Erde erreichen. Profane Weltsicht verdunkelt die religiöse Deutung des Menschen und wird dominant. Im Resonanzboden unserer Seele verkümmert unsere Aufnahmefähigkeit für übernatürliche Signale – so wie er bei einer Geige durch Risse, Wasserschaden oder Wölbung unbrauchbar werden kann. Bestimmte Begriffe verlieren Weite und Tiefgang. Worte wie Liebe, Befreiung, Erlösung, Glück, Gehorsam, Leid oder Welt werden von den Gesellschafts-Inhalten absorbiert. Der Alleinanspruch des Diesseits löscht im Begriff den transzendenten Sinn.

Gegen all diese Risiken bleibt Gottes vorgegebene und sorgsam bewahrte Botschaft – gedeutet von der Lehre der Kirche – die verlässliche Quelle. Sie allein hat die Kraft, unser Dasein nach Gottes Willen zu lenken und es mit Heils-Relevanz zu füllen. Wir Glaubende haben in ihr das Licht, im Spannungsfeld zwischen Immanenz und Transzendenz Ausschau zu halten nach IHM. Andernfalls verfällt unsere leib-seelische Existenz im freien Fall der irdischen Anziehungskraft – wie es der weise Dichter Wilhelm Busch († 1908) beobachtete:

> „So ist's in alter Zeit gewesen,
> So ist es, fürcht' ich, auch noch heut.
> Wer nicht besonders auserlesen,
> Dem macht die Tugend Schwierigkeit.
> Aufsteigend musst du dich bemühen,
> Doch ohne Mühe sinkest du.
> Der liebe Gott muss immer ziehen,
> Dem Teufel fällt's von selber zu."[6]

---

6 Wilhelm Busch, *Gesammelte Werke*, St. Pölten u. a. 2000, 1215.

Der Humorist aus der Nähe Hannovers zeigt mit diesen Versen nicht nur das Gefälle zwischen Glaubensbotschaft und Daseinserfahrung. Er hat auch keinerlei Illusion über die Prävalenz irdischer Schwerkraft. Dass die „Sinnprovinz Glaube" in dem Jahrhundert nach seinem Tod eher noch zusätzliche Einbuße erlitten hat, wurde schon mehrfach registriert.

Der wachsame geistliche Hirte wie der Religionspädagoge beachten solche Behinderung, der Gottes Offenbarung heute ausgesetzt ist. Die Eintrübung verbreitet sich in allen Gemeinden. Da gibt es Christen, die auf ihrem Glaubensweg über den Anfang nicht hinausgekommen sind und sich im „Diesseits" verstrickt haben. Oder man stößt – beim entgegengesetzten Extrem – auf solche, deren Glaube aus Gründen der Weltfremdheit vergisst, dass er sich im Alltag zu bewähren hat. An dem einen Endpunkt der Alternative steht jemand, der mit Dorothee Sölle die Transzendenz abschafft und für das „nachtheistische Zeitalter [...] Gottes Identität mit der Welt" feststellt.[7] Ein solcher brauchte eine neue Hinführung zum „dialogischen Prinzip" (Martin Buber) als fundamentalem Element unseres Gottes-Glaubens. Das Gegenteil ist der Weltverächter. Er folgt dem Ideal des griechischen Philosophen Platon: „Fliehen wir in die geliebte Heimat. Dort ist nämlich Heimat für uns, von woher wir gekommen sind."[8] Ihm fehlt der christliche Diesseits-Bezug.

In den genannten konträren End-Polen sind die Missgriffe leicht durchschaubar. Subtiler sind sie am Werk, wenn das religiöse Bewusstsein als solches unterwandert wird; wenn im Volk Gottes „Weltlichkeit" den Vollzug der Sinnprovinz „Glauben" verwässert hat und sie säkularisiert. Dann verkehrt sich schlussendlich sogar die Feier der Sakramente:

Die Taufe gilt als Eingliederung in die Gemeinde;
die Eucharistie dient dem Gemeinschaftsgefühl;
die Beichte hat eine Funktion als seelische Therapie;
die Priesterweihe erscheint Rekrutierung von Dienstträgern;
und die Ehe ist ein „weltlich Ding" (Luther).

7   Vgl. HEINRICH DÖRING, Abwesenheit Gottes, Paderborn 1977, 326–346.
8   HELMUT HÜHN, Art. Weltverachtung, in: HWPh 12 (2005) 521–527.

Sinnprovinz „Glaube"

Schon vor Jahren hat der schon genannte Theologe Karl Rahner solche überbordende Diesseits-Euphorie der theologischen Blindheit geziehen. Er hält ihr entgegen, dass unser Sinn und unsere Sehnsucht sich nicht im Irdischen erschöpfen; dass Irdisches der uns geoffenbarten Läuterung auszusetzen ist; dass „[...] alles, was der Mensch in seinem Leben und in der Welt tut, durch jene absolute Infragestellung und Aufgabe hindurchgehen müsste, die wir Tod, als individuelles und kosmisches Ereignis gemeint, nennen."[9] Die Utopie welthafter Erfüllung verführe. Sie verdecke die übernatürliche Sehnsucht, die uns Menschen bewege; sie verkürze Gottes Heilsgeschichte und vergäße Christus, „in dem alles Bestand hat" (Kol 1,17). Ohne Christus müsse menschliches Verlangen nach Seligkeit scheitern. Die tatsächliche Umsetzung eines gelingenden Lebens bedürfe „der Kraft der Gnade in Christus". Denn „für den sündigen und für die Gnade fast tauben Menschen ist in dieser Weltzeit" der Anruf immer noch unüberhörbar, „ob er wirklich zu seinem Unheil meinen möchte, er könne diese Welt von sich aus vollenden". Ohne Evangelium keine dauerhafte Rettung! Die Resonanz der Offenbarung dürfe weder im handelnden Menschen noch in den aufgelegten Programmen von den Kommandos diesseitiger Eigengesetzlichkeit übertönt werden; nur wenn Gottes Wort wirklich gehört würde, könnten Christen ihrem Glaubensauftrag genügen.[10] Schon früh hat der Altmeister der Inkarnationstheologie diese Position bezogen. Er hat sie später in seinem eindrucksvollen Lebens-Werk vielfach differenziert.

Dass menschliche Sensibilität für geistige Inhalte taub werden kann, wird auch jenseits von Kirchenmauern festgestellt. Neutrale Beobachter fragen sogar, wie der Sinnprovinz „Natürliches Dasein" der Verweis auf „Religiöse Wahrheit" der Menschheit überhaupt erhalten bleiben kann. Der vielfach ausgezeichnete, kanadische Sozialphilosoph Charles Taylor (* 1931) etwa hat mit Scharfsinn das Zueinander von natürlich Greifbarem und religiös Erspürtem untersucht. In seinem monumentalen Werk *Ein säkulares Zeitalter*

---

9   RAHNER, *Erlösungswirklichkeit*, 72.
10   Ebd., 81–87.

durchleuchtet er auf knapp 1.300 Seiten die westliche Geistesgeschichte der vergangenen 500 Jahre. Was ging in ihr vor sich, auf
dass Gott seinen festen Platz im naturwissenschaftlichen Kosmos,
im gesellschaftlichen Gefüge und im Alltag des Menschen verlor?
Der Autor legt dar, dass das heute Augenscheinliche einen langen
zeitlichen Vorlauf hatte. Seine Auskünfte sind umso überzeugender,
als sie von einer theologie-fremden Disziplin kommen.

Charles Taylor beschreibt prägnant das neue Daseinsverständnis:

> „Unsere Lage hat sich geändert, und diese Veränderung bein-
> haltet nicht nur einen Wandel der Strukturen, in denen wir
> leben, sondern auch einen Wandel des Bildes, das wir uns
> von diesen Strukturen machen. Diese Situation ist uns allen
> gemeinsam – unabhängig von etwaigen Verschiedenheiten
> unserer jeweiligen Einstellung." Immanenz absorbiere zu-
> nehmend alles „Jenseitige"; sie verschließe sich dem „Ande-
> ren" und nähme in Anspruch, dies Andere gleichwertig in
> sich selbst zu finden. Das gegenwärtig Gemeinsame reiche
> aus als „der ‚immanente Rahmen'. Die verschiedenen Struk-
> turen, in denen wir leben – ob die wissenschaftlichen, sozia-
> len, technischen Strukturen und so weiter –, bilden insofern
> einen immanenten Rahmen, als sie einer ‚natürlichen' oder
> ‚diesseitigen' Ordnung angehören, die unabhängig und ohne
> Bezugnahme auf ‚Übernatürliches' oder ‚Transzendentes' ge-
> deutet werden kann."[11]

Das „Diesseits" hat verführerische Faszination – nicht nur für die
„Kinder der Welt". Auch die Glaubensgemeinschaft wendet sich
von Gott ab und übernimmt stattdessen die gängigen Maßstäbe; so
hofft sie, die eigene Akzeptanz zu verbessern. Der Christ lebt „mitten in der Welt" – geschichtsgebunden und erdverwachsen. Öffentliche Thesen werden für ihn zur privaten Orientierung und säkulare Trends beeinflussen seine Denkkategorien. Irgendwann mag es
ihm sogar scheinen, Irdisches sei sich selbst genug; auch ohne den
Erlöser erreiche die Menschheit die von allen Zeitgenossen hoch ge-
schätzte Menschlichkeit.

---

11   CHARLES TAYLOR, *Ein säkulares Zeitalter*, Frankfurt 2009, 990.

I. Aktuelle Gott-Vergessenheit

„Die Toren sagen in ihrem Herzen: ‚Es gibt keinen Gott'", klagt der Psalmist (Ps 14,2). Gott zugewandte Glaubende mussten sich demnach schon immer von seinen Leugnern absetzen. Doch wenn solche Gottesferne sich über Jahrhunderte hin offenbar eher diskret verbreitete, tritt sie heute selbstbewusst auf. Die Sinnprovinz „Glaube" wird bestritten. Das Universum der Naturwissenschaft, das gesellschaftliche Gefüge und der Alltag des Menschen scheinen keinen Gott zu benötigen. Wenn es auch Gottes Wort war, das dem Säkularen überhaupt erst Eigenständigkeit gab, so ist nicht wenigen ein „alter Mann mit Bart" gestrig und verzichtbar.

Darum erheben hellsichtige Glaubenszeugen die Stimme, um wenigstens die Christenheit aus dem Schlaf der Gott-Vergessenheit aufzuwecken. Der Franzose Henri de Lubac SJ († 1991) trat am Ende des 2. Weltkriegs mit einem fundierten Appell an die Öffentlichkeit, betitelt *Die Tragödie des Humanismus ohne Gott*[12]. Der Autor durchforscht in seiner bekannt gründlichen Weise das Denken und den Einfluss von potenten Geistesgrößen wie Feuerbach, Nietzsche, Kierkegaard und Dostojewski. Auf deren Beiträge zur europäischen Geistesgeschichte gestützt, schildert er gleich zu Beginn des Buches seine Sicht der kontemporären „geistigen Lage".

Der Pater hat im Denken der Zeitgenossen eine „Tiefenströmung" wahrgenommen. Unter dem Einfluss eines beträchtlichen Teils der intellektuellen Elite verleugne die abendländische Menschheit ihre christlichen Ursprünge und wende sich von Gott ab. Es handle sich nicht um einen „Vulgär-Atheismus", den es zu allen Zeiten gegeben habe. Vielmehr um einen, der sich verstehe als positiver, konstruktiver Entwicklungsbeitrag zur Förderung des Menschen und für eine bessere Zukunft.

Die Christen seien in dieses weltanschauliche Umfeld hineingeboren, und gerade ihnen seien darum die Augen zu öffnen. Der Behauptung, zum Gelingen des Lebens bedürfe es keines Gottes, sei zu widersprechen. Geistesgeschichtliche Wellen erwiesen sie als

---

12 Neuauflage *Über Gott hinaus. Tragödie des atheistischen Humanismus*, Einsiedeln 1986; hier zitiert nach der Erstauflage Salzburg 1950.

irrig. Der selbstherrliche Humanismus sei ein unmenschlicher Humanismus. „Wahr ist, dass der Mensch die Erde ohne Gott letzten Endes nur gegen den Menschen organisieren kann." Darum müsse der christliche Glaube an Gott die Begriffs- und Gesellschaftssysteme immer neu vor den Anspruch auf Transzendenz stellen – zum Besten des Menschen. All diese Daseins-Koordinaten würden ohne Gott zur Tragödie. Er sei die „einzige Flamme, die unsere Hoffnung nährt", lasse er doch selbst nicht nach, einzubrechen „in die Welt, die stets danach strebt, sich zu verschließen"[13].

*

Nach dem Vaticanum II machte sich der Konzilsberater und spätere Kardinal de Lubac erneut zu Gottes Anwalt. Er nutzte dazu den ehrenvollen Auftrag, einzuführen in ein großes Kommentarwerk zur Kirchenkonstitution *Lumen gentium* mit Beiträgen der international wichtigsten theologischen Forscher. Offenbar bewegte ihn nachkonziliar die sich damals abzeichnende ekklesiale Euphorie zu Besorgnis und klaren theologischen Abgrenzungen. Eine wachsende gesellschaftliche Tendenz zu Selbstvertrauen und Selbstgenügsamkeit verleite anscheinend auch die streitende Kirche, alles Heil für Welt und Menschen von diesseitiger Kraft zu erhoffen. Man frage laut: Habe nicht Jesus von Nazareth selbst uns gelehrt, dass wir Gott von nun an im Menschen finden müssten? Er habe sein Leben hingegeben, so sagt man, um den Blick seiner Mitmenschen vom Himmel abzuwenden. Um wie viel näher – so würde weiter gefolgert – brächte uns der Katholizismus diesem Ziel, „wenn Schritt für Schritt sein Glaube und sein Interesse sich letzten Ende auf eine Theologie der Kirche konzentrierten!" Dann berichtet de Lubac von einer Begegnung mit einem militanten Atheisten. Dieser habe ihm von einem Streitgespräch mit einem Priester über den Glauben erzählt. Da hätte der Priester ihm plötzlich gestanden: „Was mich interessiert ist nicht Gott, sondern die Kirche." Und de Lubac fragt sich konsterniert:

> „Wenn es wirklich wahr ist, dass das zwanzigste Jahrhundert für uns zum Jahr der Kirche geworden ist, wie man bei

---

13   Ebd., 15f.

seinem Anbruch vorausgesagt hatte, müsste man sich dann nicht über die Gefahr beunruhigen, die eine solche dogmatische Entwicklung mit sich bringt?"

Der Autor verheimlicht nicht die Quintessenz solcher Verwirrung. Er sieht sie in der Reduktion kirchlichen Engagements auf menschliche Beziehungen; dass sie „ihre göttliche Sendung allmählich auf das Niveau eines sozialen Dienstes herunterdrückt". Da sie ihre Tätigkeit wie ihre Lehre auf die Ebene der Anthropologie und der Soziologie herunterschraube, sei sie „auf dem besten Weg, sich zu säkularisieren"[14].

*

De Lubac steht nicht allein. Zum gleichen Drama muss auch Joseph Ratzinger (* 1927) gehört werden. Als Theologe, als Bischof und als Papst hat er nicht abgelassen, die „Gott-Vergessenheit" offenzulegen, die den modernen Menschen befallen hat. In seinen diversen Interviews – angefangen von der *Lage des Glaubens* (1985) bis zu den *Letzten Gesprächen* (2016) – hob er immer wieder das Missachten der Gott-Verwiesenheit von Geschöpf und Schöpfung hervor. In seinen letzten öffentlichen Äußerungen fasste er sogar die Absicht seines Papst-Dienstes in den Satz: „Es gab vor allem den positiven Vorsatz, dass ich das Thema Gott und Glaube ins Zentrum stellen wollte."[15] Und auch er macht die Gott-Vergessenheit fest an der hypertrophen Selbstgenügsamkeit der Kirche.

1972 hatte er die „Einleitung" zu einer *Quaestio disputata* geschrieben, die die Referate einer Dogmatiker-Tagung publizierte. Sie greift de Lubacs Beobachtung auf, dass sich unter Theologen das Interesse von „Gott" auf die „Kirche" verschoben habe. Dieser Wechsel der Perspektive gehe tragischerweise nicht zuletzt zu Lasten der Wahrheit als solcher. Da der Glaubensfundus an Kraft verliere, würden die Inhalte des Glaubens nicht mehr von der Offenbarung, sondern von der kirchlichen Gemeinschaft ausgemacht; eine Radikalisierung der Ekklesiologie sei die Folge. Aber das Vaticanum II habe doch aufgezeigt, dass Kirche an Gottes Offenbarung gebun-

---

14   Vgl. Guilherme Baraúna (Hg.), *De Ecclesia. Beiträge zur Konstitution „Über die Kirche" des Zweiten Vatikanischen Konzils*, Freiburg–Frankfurt 1966, Bd. I, 15–22, hier: 16f.
15   Benedikt XVI., *Letzte Gespräche*, München 2016, 219.

den sei. Gestützt auf die Kirchenkonstitution *Lumen gentium* habe
die „Pastoralkonstitution" doch festgehalten, man könne Nicht-Ka-
tholiken eben nur von der Gottesfrage her erklären, was Kirche sei.

> „Gerade der umfassende Ausbau der Ekklesiologie hat, durch-
> aus konsequent, ihre Selbstgenügsamkeit gesprengt und
> die Grundfrage herausgefordert: Wozu dies alles? Wer ist
> der Gott, den die Liturgie dankend lobpreist? Was geschieht,
> wenn der Mensch redet zu ‚Gott'? Wer ist der Gott, von dem
> das ‚Volk Gottes' seinen Namen hat? Was ist das, wenn Men-
> schen ‚Volk Gottes' sind? Von wem werden sie da bestimmt?
> Hat dieses Wort und damit dieses Volk überhaupt noch einen
> Sinn?"

Die Gottesfrage sei allen Problemlösungen vorgeordnet. Ohne sie
in Angriff zu nehmen, ende Verkündigung und Pastoral in einem
äußerlich weitergeführten „kirchlichen Positivismus"[16].

Kirche – am Pranger

So legitim Beobachtung und Appell der beiden Rufer waren – die
breite Resonanz blieb ihnen versagt. Nicht nur das: Ein ohnehin
stark kirchenzentriertes Empfinden und Denken haben sich neu-
erdings nochmals verdichtet – jedenfalls unter Katholiken im deutschen Sprachraum. Leider wird es in unseren Tagen nicht allein von
theologischen oder geistesgeschichtlichen Faktoren angetrieben.
Vielmehr motiviert es die wachsende gesellschaftliche Aggression
der Kirche gegenüber. War vor mehr als 150 Jahren in Deutschland
noch das Lied entstanden: „Ein Haus voll Glorie schauet weit über
alle Land", so fühlt man sich heute argwöhnisch angeschaut, wenn
man etwa als Priester erkennbar ins Flugzeug steigt. Ihr guter Leu-
mund ist eingebüßt. Kirche ist „in der Welt" (Joh 17,11). Sie bleibt
ihr und ihren Verführungen ausgesetzt. Und sie gibt – begründet
oder auch unberechtigt – Anstoß. In jüngster Vergangenheit waren
es zweimal Herausforderungen, die die katholischen Gemeinden in
Deutschland trafen. Sie weckten eklatante Verunsicherung.

---

16   Joseph Ratzinger (Hg.), *Die Frage nach Gott*, Freiburg 1972, 3–8.

Aufsässige Gemeinden (1972) und pädophiler Skandal (2018)

Für die „Synode Würzburg (1972–75)" besteht sie im Aufruhr, der sich bei dem Essener Katholikentag 1968 zusammenballte. Das Radio „Deutschlandfunk" kommentierte ihn damals:

> „Die Deutsche Bischofskonferenz hofft, das Schreckgespenst Revolte mit dem Geist des Zweiten Vatikanischen Konzils austreiben zu können. 1971 beruft die Bischofskonferenz die Würzburger Synode ein. Sie soll Konzilsbeschlüsse für die deutsche Kirche umsetzen."

Bei der konstituierenden Vollversammlung (Würzburg, 03.–05.01.1971) wurden daraufhin die pastoralen Felder für die fälligen Beratungen festgelegt.[17] Die Themenkreise und Sachkommissionen sollten sich u. a. befassen mit

– Bekenntnis zum Glauben unserer Zeit

– Religionsunterricht in der Schule

– Gottesdienst

– Sakramentenpastoral

– Christlich gelebte Ehe und Familie

– Orden und Geistliche Gemeinschaften

– Missionarischer Dienst in der Welt

Zu all diesen pastoralen Feldern der kirchlichen Sendung verabschiedete die Synode nach eingehender Diskussion bindende Beschlüsse.

50 Jahre danach traf mit der Aufdeckung der pädophilen Sünden unter Priestern und Bischöfen weltweit und nicht zuletzt die Kirche in Deutschland der zweite Schlag; er war der schmerzhafteste seit Menschengedenken. Die deutschen Bischöfe beschlossen im Herbst 2018 den „Synodalen Weg" als Heilungsversuch. Verschie-

---

17 Vgl. GEMEINSAME SYNODE DER BISTÜMER IN DER BUNDESREPUBLIK DEUTSCHLAND, *Beschlüsse der Vollversammlung*, Freiburg 1976.

denen Arbeitsgruppen („Foren") wurden für die Beratungen folgende pastorale Bereiche aufgetragen:

- Machtabbau, klerikaler Machtmissbrauch;

- Anpassung der Sexualmoral;

- Priesterliche Existenz heute (Zölibat);

- Frauen in Diensten und Ämtern der Kirche.

Schon ein rascher Vergleich der Stoffgebiete lässt für beide Initiativen erkennen, in welchen pastoralen Aufgaben die drückenden Kirchen-Nöte gesehen werden. Dabei differieren nicht nur die Problemfelder, die als Gründe für die Krise verantwortlich erscheinen. Es tut sich auch ein unterschiedlicher Wahrnehmungshorizont auf, wenn es um deren Bewältigung geht. Ja, die jeweils gewählten Perspektiven bekunden einen tiefgreifenden Gegensatz. Er reicht bis ins Selbstverständnis der Kirche und trifft Kirche und Christsein im Fundament. Denn transzendente Wurzeln unserer Glaubensgemeinschaft, die in Würzburg unverkennbar zutage traten, bleiben beim „Synodalen Weg" unbeachtet.

Ganz offensichtlich sind die Beratungsgegenstände für diesen Neuanfang vom empirischen Geist der „MHG-Studie (Mannheim–Heidelberg–Gießen)" (September 2018) inspiriert. Sie wurde auf Anraten der Bischöfe von Profanwissenschaftlern erstellt, die man zur Aufarbeitung des Skandals herangezogen hatte. In ihr befassen sich die gebetenen Universitäts-Ordinarien entsprechend ihrer Disziplin dann freilich mit gesellschaftsbezogenen, innerweltlich relevanten und somit glaubensfremden Daten. Die theologische Prüfung des Verständnisses von „Kirche" bleibt ausgeblendet. So fällt deren Identität mit ihrem soziologischen Erscheinungsbild zusammen und reicht nicht länger über die Sinnprovinz „Diesseitswelt" hinaus.

Kriegsbeschuldigte Bischöfe

Auch nach der Entscheidung für den „Synodalen Weg" schlagen die Skandale der teuflischen Pädophilie weiter ihre schmutzigen Wellen. Gehen sie zu Lasten von Sportvereinen oder Heimleitern, werden sie in der Öffentlichkeit knapp registriert. Fernsehen wie Zeitungen prangern sie hingegen breit und mehrfach an, wenn Repräsentanten der katholischen Kirche beteiligt waren. Nach der Auswertung der Gesamtsituation durch die MHG-Studie sind zusätzlich noch die Einzelbistümer herausgefordert. Selbstverurteilungen wiederholen sich, und Einzelfälle werden als Serien präsentiert. Öffentliche Tränen sollen öffentliche Anteilnahme einbringen. Gebotene Bekenntnisse verantwortlicher Bischöfe können sicher sein, in allen Medien ausgiebig Beachtung zu finden. Doch fortwährende Selbstbezichtigung verschafft der Kirche kaum neue Glaubwürdigkeit in der Gesellschaft. „Mea culpa, [...], mea maxima culpa" als strategische Methode ist ungeeignet, Vertrauen ins Christentum zu stiften.

Sie wird ihr allenfalls Mitleid einbringen, kaum Würde und Strahlkraft. Erst recht, wenn sie sich solche Schuldbekenntnisse zu Unrecht antut. Wie etwa bei der Erklärung „Deutsche Bischöfe im Weltkrieg", die sie aus Anlass des bevorstehenden „75. Jahrestags des Kriegsendes" am 29.04.2020 veröffentlichten. Sie gipfelt nach einer langen Aufzählung der Versäumnisse der damaligen Ordinarien in dem Satz:

> „Letztlich fanden die Bischöfe keinen Ausweg aus der Spannung, die sich aus der geteilten Vorstellung patriotischer Verpflichtung im Krieg, der Legitimität staatlicher Obrigkeit, den daraus resultierenden Gehorsamspflichten sowie den offenkundigen Verbrechen ergab. [...] Indem die Bischöfe dem Krieg kein eindeutiges ‚Nein' entgegenstellten, sondern die meisten von ihnen den Willen zum Durchhalten stärkten, machten sie sich mitschuldig am Krieg."[18]

Ausgewiesene Historiker schweigen nicht zu dem notorischen Rufmord an der katholischen Kirche, der diesmal sogar aus den eigenen Reihen kam. Die Beschuldigung übersähe völlig den historischen Kontext der betroffenen Zeit. Sie verkenne, dass die katholische Kirche die einzige Institution war, die dem 3. Reich Widerstand entgegensetzte. Unter den Bischöfen hatte es doch mutige Köpfe wie

---

[18]   DIE DEUTSCHEN BISCHÖFE, *Deutsche Bischöfe im Weltkrieg. Wort zum Ende des Zweiten Weltkriegs vor 75 Jahre*, in: *Die deutschen Bischöfe Nr. 107*, hg. v. Sekretariat der Deutschen Bischofskonferenz, 15.

von Galen, Sproll, Preysing, von Faulhaber, Rackl, Ehrenfried gegeben – um nur einige zu nennen. Wer die Anzahl der Priester zur
Kenntnis nimmt, die etwa in Dachau schmachteten und zu Tode
kamen, kann sich nur noch betroffen abwenden von Kommentatoren, die heute von ihrem Schreibtisch aus die Bereitschaft der Hirten wie bekennender Laien zum Martyrium einklagen. Es ist bekla-
genswert, dass die Forschungen ausgewiesener Fachleute (Konrad
Repgen, Klaus Gotto, Hans Günter Hockerts, Christian Hartmann)
verkannt wurden;[19] sie hatten diesen nicht neuen antikatholischen
Mainstream längst als irrig denunziert.

Geständnisbereitschaft in Selbstachtung

Ohne Frage fordern Sünden und Wunden alle Glieder der Kirche
zu Bekenntnis und Buße heraus. Und was für den Einzelnen un-
abdingbar ist, gilt auch für die ganze Glaubensgemeinschaft. Erst
recht können die Boten des Evangeliums nicht umhin, ihre „Fle-
cken und Falten und andere Fehler" (Eph 5,27) einzugestehen. Zum
Heiligen Jahr 2000 hatte Papst Johannes Paul II. am 12.03.2000 in
St. Peter in Rom vor der ganzen Welt ein großes Schuldbekenntnis
abgelegt und um Vergebung gebetet. Denn die Verkündigungskraft
der Kirche schwindet und steigt in dem Grad ihrer Authentizität,
der Übereistimmung von Reden und Tun, mit ihrer Heiligkeit.
    Personen oder Institutionen, die sich der Kritik zu Schuldvor-
würfen an die Kirche bedienen, sollten freilich Jesù Mahnung an
die Schriftgelehrten und Pharisäer nicht überhören: „Wer von euch
ohne Sünde ist, werfe als Erster einen Stein" (Joh 8,7). Erst recht
darf aus öffentlichem Bekenntnis in Zerknirschung nicht Selbstaus-
löschung in Verzichtbarkeit folgern. Bei allem Stehen zum eigenen
Versagen und bei allem Willen zur Umkehr muss die Kirche auch
Fairness fordern und den Schutz ihrer Würde wahren. Für den Einzelnen wie für die Gruppe zählt Selbstachtung zum wichtigsten von
allen rational erstrebten Gütern. Sie sichert – nach dem US-Philoso-
phen John Rawls († 2002) – den sozialen Zusammenhalt, den Sinn

---

19   Kritik übt Peter C. Hartmann in der ACADEMIA (Katholische Deutsche Studentenver-
      bindungen) 3/2020, 6.

für den Wert des eigenen Lebensplans und das Vertrauen in das
eigene Engagement.[20]

Wozu Kirche?

Die vielfältige Entstellung der katholischen Kirche und ihr Bild als
„schmutziges Aschenputtel" betrüben. Und sie drängen zur theologischen Prüfung ihrer Identität und Sendung. Im Kontext ihrer verbreiteten Hässlichkeit muss darum hervortreten, was in der sicht-
baren Außenseite der Kirche oft nicht aufscheint und unbeachtet
bleibt.

Unsere Glaubens-Amme

Wohl kaum einer lebt heute sein Katholisch-Sein mit erhobenem
Haupt. Wir ducken uns, gehen vielleicht sogar selbst zu „Mutter
Kirche" auf Distanz. Dann aber sollte dringend aufgefrischt werden,
was wir, ihre Glieder, ihr letztlich verdanken. Die konkrete Kirche
ist aus unserem individuellen Christsein nicht wegzudenken.

Generell vermittelte uns unser familiäres Umfeld, wie wir unser
Dasein deuten. Wir begannen zu lallen, lernten erste Worte, über-
nahmen Lebensgewohnheiten und Kultur. So berührte uns auch
die Welt der Religion. Sie trat uns näher in Eltern und Angehörigen,
Festen und Gedenktagen. Gemeinde und Alltagswelt öffneten uns
für die Transzendenz. Diese wäre freilich für uns Christen leer geblieben, wenn die Kirche sie nicht mit Gottes Botschaft gefüllt und
solche anfänglichen Glaubensschritte nicht im kirchlichen Taufsa-
krament verankert hätte. Die empirische Wissenschaft nennt den
Prozess der Identitätsfindung „Sozialisierung". Sie schließt die An-
fangsgründe unseres Glaubens ein. Ihm hat also nicht unser Ich die
Wurzeln gelegt; sie sind uns auch nicht anonym zugeflogen.

Wir kennen die Einzelheiten von Gottes erlösendem Heilswerk
allein dank der Mitmenschen und der Kirche. Sie war es, die seine Offenbarung fixiert und behütet hat. Der protestantische Exeget

---

20   Vgl. ASTRID VON DER LÜHE, Art. *Selbstachtung*, in: HWPh 9 (1995) 313–318, hier: 317.

Martin Hengel († 2009) hat mit Akribie die Entwicklung aufgezeigt, wie die Anfänge des Christentums verschriftlicht wurden.[21]
Beeindruckend ist die Vielzahl der ausgewerteten urchristlichen
Dokumente, die seiner Darstellung große historische Zuverlässig-
keit geben.

Der Forscher verweist zunächst auf die ältesten Quellen der
mündlichen, apostolischen und nachapostolischen Tradition, die
in den verschiedenen Regionen der Großkirche selbstredend nicht
identisch sind. Evangelientexte, Paulusbriefe und Abschnitte des
Alten Testaments stehen anfangs neben sog. *Anagrapha* und *Midra-
schim*. Besonders durch den Häretiker Markion († 160) wird dann
eine Sichtung der kursierenden Berichte über das Heilsgeschehen
nötig, um Unzuverlässiges fernzuhalten. So bemühen sich die ge-
weihten Hirten um die Unterscheidung der sog. *Pseudepigraphen* –
solcher, die unter falschem Namen zirkulierten – von authentischen
Texten. Erst nach und nach werden die gültigen Worte aufgezeich-
net. Dabei ist es immer deren Gebrauch bei liturgischen Versamm-
lungen, der ihnen Glaubwürdigkeit gibt.[22] Bei Papias von Hierapolis
(† 163) ist offenbar ihre Fixierung schon fast zur Regel geworden.
Eine Aufstellung des hl. Athanasius († 373) verzeichnet im Oster-
brief von 367 dann die Bücher, die wir heute als Neues Testament
bezeichnen.

Es ist unsere Glaubensgemeinschaft „Kirche", der wir die An-
fangsgründe des Christseins danken. Auch wenn wir inzwischen
die Bibel in jedem guten Buchgeschäft kaufen können, sie läge dort
nicht ohne ihre Betreuung durch die verantwortlichen Hirten. Wer
um Gott wissen will, dankt ihr Genaues und Zuverlässiges.

Mein Glaubensweg wie mein Glaubenswissen brauchen die Kirche. Sie ermöglicht und trägt mein Christsein. Es gründet nicht in
mir selbst. Es kommt mir zu, weil die Kirche durch die Zeit den
Glaubens-Inhalt festhielt und sicherte. Sie spendet mir die Sakramente als greifbare Hilfen hin zu Gott. In ihr, der Gemeinde der
Glaubenden, wird jeder Einzelne „sowohl gedemütigt wie befreit

---

21   MARTIN HENGEL, *Die vier Evangelien und das eine Evangelium von Jesus Christus*, Tübin-
      gen 2008.
22   Ebd., 95–103.

durch den Glauben aller, mit deren Glaubensvollzug er in der einen
Kirche in einer geheimnisvollen Kommunikation steht"[23].

Als Magd

Wenn wir auch ohne Kirche den Weg zu Gott kaum finden würden, so darf sie uns doch nicht zu ihrer Apotheose verleiten. Kirche
ist nicht Selbstzweck, sie ist Magd. Wir benennen sie zwar in unserm Credo gleich im Anschluss an die Anrufung der Dreifaltigkeit.
Doch steht sie trotz dieser Satzkonstruktion keineswegs auf einer
Stufe mit den drei göttlichen Personen.[24]

Kirche ist wohl Gegenstand unseres Glaubens, aber nicht in der
Weise, wie Gott es ist. Zutreffend ist zu sagen: „Ich glaube nicht **an**
die Kirche, weil sie nicht Gott ist." Sie ist der „Schemel seiner Füße",
„sie weilt zu den Füßen des Herrn und benetzt sie mit ihren Tränen".
Das sind nicht banale Ortsangaben, sondern fordernde Wegweiser
von Kirchenleuten für kirchliches Selbstverständnis und Engagement. Faustus von Reji († 450) formulierte zum *Credo* scharf: „Wer
an die Kirche glaubt, der glaubt an Menschen. [...] Fort mit dieser
gotteslästerlichen Überzeugung." Tausend Jahre später reagierte
der Kardinal Juan de Torquemada, Vertrauter des Papstes Eugen
IV., gegen die Vergöttlichung der Kirche, wie er sie beim Konzil zu
Basel (1431) erlebt hatte. In seiner drastischen Sprache vergleicht er
ihre Apologeten mit Fröschen: Ihr Leib stecke im Schlamm, aus
dem sie gerade noch den Kopf herausstrecken, um die Luft mit ihrem Quaken zu erfüllen. Auch der bedeutende Theologe Erasmus
von Rotterdam vertritt Ähnliches in einer Verteidigungsschrift gegen die Sorbonne in Paris (1524): es sei doch keine Leichtfertigkeit,
wenn man der ausdrücklichen Lehre des Cyprian von Karthago, des
Augustinus, des Papstes Leo und des Thomas von Aquin folge und
bei der Liturgie im *Credo* nicht „in Ecclesiam catholicam" bete, sondern das „in" auslasse.

Für unsere Zeit hat zu dieser Frage Karl Barth († 1968) Klarheit
und Orientierung hinterlassen. Er schreibt:

---

23   KARL RAHNER, *Dogmatische Randbemerkungen zur Kirchenfrömmigkeit*, in: Schriften zur
      Theologie, Einsiedeln 1962, V, 391.
24   Das Folgende verdankt sich HENRI DE LUBAC, *Credo*, Einsiedeln 1975, 132–156.

„Es dürfte angebracht sein, sich daran zu erinnern, dass es
im Symbolon heißt: ‚credo ecclesiam‘, nicht: ‚in ecclesiam‘.
Man kann nicht an die Kirche glauben, wie man an Gott, den
Vater, den Sohn, den Heiligen Geist glaubt. Man kann nur
an Gott, den Heiligen Geist und damit, in Erkenntnis seines
Werkes und im Bekenntnis dazu, auch an die Existenz der
heiligen Kirche glauben, so wie nachher: die Vergebung der
Sünden als von ihm den Menschen zugesprochen, oder wie
im ersten Artikel: Himmel und Erde als von Gott dem Vater
geschaffen. Die Heiligkeit der Kirche ist, so gewiss sie allen
Ernstes wahr und im Glauben erkennbar ist, nicht die des
Heiligen Geistes, sondern die von ihm geschaffene und ihr
beigelegte Heiligkeit."[25]

Sobald jemand sein Kirchenverständnis am offenbarten Glauben
ausrichtet, kann er sich solchen Einsichten nicht verschließen. Gewiss drängen ihn ihre Existenz „mitten in der Welt", ihre gesellschaftlichen Aufgaben und eine oppositionelle kirchenferne Sicht
so vieler dazu, die der Kirche verliehene Relevanz herauszustellen.
Wenn sie angegriffen wird, muss er sie mit Argumenten verteidigen,
die ihren Sozialkörper schützen. Doch ihre Ehrenrettung nimmt
ihr nicht ihren Magd-Charakter.

Nun, im 3. Jahrtausend, lassen sündhafte Skandale mit ihrer fortdauernden öffentlichen Anklage die Kirche eher als „hässliches Ent-
lein" erscheinen denn als stolze Diva. Dennoch scheint sie manchen
Kirchenleuten das letzte Faustpfand ihrer Berechtigung verblieben
zu sein. Ihre „Falten und Runzeln" verhindern offenbar nicht, dass
man alle Hoffnung ausschließlich auf sie setzt. Transzendenz und
Glaube werden dann erneut von empirisch-irdischer „Ekklesiozentrik" vereinnahmt. Statt auf eine transzendente Sinnprovinz zu
bauen und Heiligkeit anzumahnen, drängen sie auf die Pflege ihres diesseitigen Bildes, und sie putzen ihre weltliche Erscheinung
heraus. Und auch diesmal bleibt Gott auf der Strecke. Wobei der
Gottesverzicht heute noch fataler ist als mögliches divenhaftes Auftreten von Kirchenrepräsentanten in früheren Zeiten. Denn heute
bleiben dieser Kirche nur ihre widerlichen Sünden. Offenbar hat

---

25   Zitiert ebd., 138f.

Systemblindheit gesiegt. Doch wie könnte die Gemeinschaft der Glaubenden heil werden ohne den Heiland? Grotesk wäre es, wenn die Magd vermessen ihren Herrn vergäße und allein auf die Kräfte der Selbstreinigung setzte.

Mit prophetischem Finger

Da es die Kirche nicht um ihrer selbst willen gibt, unterliegt sie der Frage, mit was sie ihr Dasein rechtfertigt. Warum existiert sie? Natürlich springen jedem Zeitgenossen sofort eine Fülle von Beiträgen ins Auge, die die Kirche dem Menschen und der Gesellschaft leistet; sie auch nur annähernd darzustellen, würde eine gesonderte Publikation ausmachen. Wer sie jedoch bündelt, stößt auf einen Grund, der sie alle ermöglicht und ihr gesamtes sozial-praktisches Wirken trägt. Christi Heilswerk macht ihr Fundament aus. Eine „Diesseitswelt" wartet auf Erlösung. Darum ist Glaubenslicht in das gott-ferne Chaos einzulassen. So macht die Frage nach dem zentralen Sinn der kirchlichen Sendung eine theologische Antwort unabweislich.

Oft abgebildet sieht man die Kreuzigung Jesu Christi auf dem *Isenheimer Altar* im Elsass. Neben dem qualvollen Schmerz des Herrn stellt der Maler Matthias Grünewald besonders den überlangen Finger Johannes' des Täufers heraus. Dieser Finger erfasst in gewisser Weise Grund und Sendung der Kirche: Kirche zeigt auf Christus; in ihm will Gott Vater uns Menschen und die Welt heilen. Diesem Finger sollen die Christen folgen; sie sollen auf den schauen, auf den er gerichtet ist. Wohl bleibt für die menschliche Erfahrung das irdische Tun der Kirche in der Welt unerlässlich. Doch ihre Aktivität und ihr Engagement sind bereits überholt von dem Ereignis, das sie erlaubt und fruchtbar sein lässt.

> „Das Verkündigungswort der Kirche ist seinem Wesen nach Bewegung des Übergangs, bloßer Hinweis auf das Geschehen, das sich in diesem Wort sichtbar und gegenwärtig macht und sich mit der eigenen Evidenz jenseits und oberhalb der Kirche aufrichtet." Ihre Sendung ist nicht autozentrisch, son-

dern haftet „am fleischgewordenen, gekreuzigten und auferstandenen Wort Gottes."[26]

Nie darf die Kirche vergessen: Sie ist sich nicht selbst genug. Sie
ist gestiftet mit dem Auftrag, in der Welt den Erlöser bewusst zu
machen. In solcher Funktionalität liegen für sie Grund und Berechtigung. Gottes Offenbarung kann helfen, solches Magd-Sein neu zu
gewahren.

---

26   So DE LUBAC, *Credo*, 150.

II. Das neutestamentliche Maß für die Gemeinde

Wohl wäre es anachronistisch, Definitions-Aussagen zur Kirche im Munde Jesu zu suchen. Doch finden sich in den Evangelien durchaus Hinweise, wie der Herr seine Gemeinde gewollt hat und wie sie sich daher von ihm verpflichtet weiß.

Jesus: Zum Lob des Vaters

Dass kirchliche Heiligkeit und die ihr aufgetragene Sendung sich bedingen, hat schon der Herr der Kirche selbst klargestellt. Nichts darf den Sinn der Kirche für Gottes Anspruch ersetzen oder in ihr vergleichgültigen. Auch ist ihre Gott-Zugehörigkeit nicht geheim zu halten; sie muss sicht- und hörbar werden. In seinem Wort trägt es der Herr sowohl seinen Jüngern wie der Kirche für alle Jahrhunderte auf, Salz und Licht zu sein für die Welt (vgl. Mt 5,13-15).

Die Qualität des Salzes ist uns geläufig. Fäulnis, Reinigen und Würzen assoziieren sich. Seine natürliche Brauchbarkeit liegt auf der Hand. Doch bei aller Wertschätzung mag gelegentlich seine schmerzende Heftigkeit irritieren, wenn es sein Umfeld herausfordert; wenn es seinen „Biss" zeigt. Verschenkt es ihn allerdings, dann dient es zu nichts mehr. Es wird fad, ausgelaugt, weggeworfen – sogar „zertreten". Offensichtlich will der Herr vor solchem Versagen warnen. Die gleiche Absicht – positiv gewendet – hat sein Wort vom „Licht". Wie die Stadt auf dem Berg weist es dem nächtlich Suchenden den Weg, gibt Hinweise für Menschheit und Öffentlichkeit. Auch die kleinen Dinge des Hauses haben die Lampe nötig; Privat-Persönliches kommt kaum ohne diese Hilfe aus. Denn ohne Licht tappt der Mensch im Dunkeln. Es ist unverzichtbar zur Orientierung.

Beide Bildworte benennen Notwendiges, das sich freilich vom Umfeld absetzt. Was an ihnen überraschen mag, sind Gewicht und Grenze, die Jesus Christus der Jüngergemeinde gegenüber ihrer Welt einräumt und die beide ihr Anderssein unumgänglich machen. Die Jünger des Herrn können eben ihren Mitmenschen den Weg zum Heil nur erschließen, indem sie kontrastieren.

Solcher Dienst setzt eine gewisse Anerkennung seitens der Adressaten voraus. Bei den Mitmenschen beliebt zu sein, ist durchaus erstrebenswert – obwohl der Kontrast oft provoziert und Kritik einbringt. Doch sind die Widersprüchlichkeit des Salzes und das Sich-Abheben der Stadt auf dem Berge alternativlos. Der Sinn von Salz und Licht liegt überhaupt nicht in diesen Elementen selbst. Sie haben vielmehr Dienstfunktion. Gesalzen wird etwas zum Zweck von dessen Haltbarkeit. Und für das „Licht" fängt der Herr am Ende unserer Perikope gleich jedes Missverständnis ab: Der Christus-Angehörige soll „vor den Menschen leuchten". Sie sollen deren „gute Werke sehen". Unterschiedlichkeit zur Umgebung hat demnach allein den einen Zweck: Die Jüngergemeinde muss transparent werden auf den Vater im Himmel. Durch ihr Anderssein sollen die Jünger den anwesend machen, der „allein gut ist" (Lk 18,19). Identität und Weltoffenheit kulminieren für Glaubende in Christi Auftrag: „[...] damit sie euren Vater im Himmel preisen" (Mt 17,16).

Solch theozentrisches Ziel ist der unaufgebbare Maßstab, der alles Engagement der Kirche ordnet. Auf Gott zu verweisen, macht ihren Grund-Auftrag aus. Mit ihm wird das neue Volk Gottes in Gottes großes Heilswerk eingefügt, das in Jahwes Hinwendung zu Israel lange vor dem Neuen Bund seinen Anfang nahm. Jesus sprang nicht als *Deus ex machina* vom Schnürboden auf die Bühne der Weltgeschichte. Seine Menschwerdung war durch „Gesetz und Propheten" bereitet; sein Wort und Werk beantwortet die lastende Sehnsucht des Alten Testaments. In seinem Kreis der Zwölf erfüllt sich Jahwes Plan mit seinem auserwählten Volk. So lassen sich denn die Metaphern zur Jünger-Identität, das Salz und das Licht, auch lesen als Rückverweis auf die Erwählung Israels; Jahwe hatte dies Volk berufen, den anderen Völkern der Erde „Salz und Licht" zu sein. Ein Neutestamentler kommentiert: „Es war Israels Sendung in der Welt, dass Gottes Name durch sie und an ihnen verherrlicht wurde. Die grundlegende Aussage über die Geschichtssendung Israels in ihrer theologischen Begründung wird auf die Jünger übertragen."[27]

---

27   Walter Grundmann, *Das Evangelium nach Matthäus*, Berlin 1972, 141.

Frömmigkeitspraxis

Neben den Worten von Salz und Licht hat Jesus den Seinen und uns viele weitere Mahnungen gegeben. Nur drei seiner katechetischen Lehrstücke zum Glaubensleben sollen kurz zur Sprache kommen. Sie schließen sich den genannten Versen in Jesu Bergpredigt an und betreffen: das Almosen-Geben, Gebet und Fasten (vgl. Mt 6,1-4). Großzügiges Geben kommentiert Jesus mit der Redewendung: „Deine Linke soll nicht wissen, was deine Rechte tut." Er erwartet demnach die gute Tat völlig anonym zu halten. – Ferner: Jesu Forderung, unbeachtet zu beten. Sie macht alle als Gebet verkleidete öffentliche Glaubensdemonstration, politischen Gebete und möglichen „Motivmessen" zu einem „hellen Unfug" (Karl Barth). Auch steckt in Jesu Weisung die Korrektur einer verbreiteten Gottes-Vorstellung: Der Vater ist weder uns fern noch blind oder schlafend noch ein penibler Kontrolleur; er ist Vater und weiß, was wir brauchen, schon bevor wir ihn bitten. – Genauso wenig sind Bußakte, Fasten und Konsumreduzierung an die „große Glocke zu hängen". Weil der Christ solche Opfer um Gottes willen bringt, erwirken sie das Wohlwollen des himmlischen Vaters.

Die drei Imperative Jesu heben unsern Blick zum „Vater, der ins Verborgene schaut". Vor ihm und seinem Du gegenüber übt der Mensch seinen Glauben. Alle weltliche Resonanz ist sekundär. Frömmigkeitspraxis, die das eigene Prestige sucht, den selbstsüchtigen Lohn, das Ansehen der Menschen, ist auszuschließen. Fraglos meint der Herr den Einzel-Christen. Doch gegenteilige Praktiken, die im Urchristentum aus der jüdischen Synagogenzeit unter Neuchristen vielleicht fortbestanden, lassen den „Sitz im Leben" seines Wortes auch für die ersten Gemeinden vermuten. Und die Kirche bleibt fortwährend von den genannten Versuchungen affiziert.[28]

---

28 Die drei Lehrstücke deutet JOACHIM GNILKA, *Das Matthäusevangelium I*, Freiburg 1986, 200–236.

Das Herrengebet

Unter allen Fingerzeigen, die Jesus selbst über Sinn und Sendung
von Kirche gibt, hat gewiss das Herren-Gebet herausragende Dichte
und Bindungskraft. Sein Anlass: Jesu Gefolgsleute wollten von ihm
lernen zu beten. Für Matthäus hat das Herrengebet seinen Ort in
der großen Textsammlung der „Bergpredigt", die Jesu Ordnung für
die Frömmigkeitspraxis generell darlegt. Der Evangelist Lukas behandelt es gesondert. Zunächst erwähnt er Jesu eigenes Verweilen
bei Gott. Auf dieses Erlebnis bezieht sich ein Jünger mit der Bitte:
„Herr, lehre uns beten!" (Lk 11,1). Weil Jesus zuerst selbst als Beter
vorgestellt wurde, versteht der Evangelist Beten grundsätzlich als
Nachvollzug des Lebens Jesu und als Gemeinschaft mit ihm.

Und was teilt ihnen Jesus als seine eigenen sowie die für Israel
wichtigsten Anliegen mit? Nichts, wonach das menschliche Herz
generell verlangt: Essen und Wohnung, Gesundheit und Erfolg,
Friede und bürgerliche Sicherheit. All das bewegt Jesus im „Vaterunser" nicht primär. Selbstvergessen weist er zuerst auf den himmlischen Vater – weg von allen Alltagsbedürfnissen. Vor allem andern
kreist sein Tun und Lassen in tiefer Intimität um ihn. Nichts ist
wichtiger als des Vaters Ehre – ein verwirrender Wink, gerade für
uns heute.

Die Lehre, die der Herr uns über den Gebetsinhalt gibt, sind
der Kirche ein unüberholbares und bleibendes Modell. Sie sind der
Basis-Schlüssel zu Jesu und der Kirche Verkündigung; denn sie heben sein tiefstes Anliegen ins Wort. So bleibt das Vaterunser die
fundamentale Hermeneutik für alle kirchliche Pastoral im Sinne
Jesu; wir wären als Kirche schließlich schlecht beraten, würde uns
nicht sein Wille leiten. Darum muss mindestens versucht werden,
das von Jesus hinterlassene Maß für die Gemeinde eingehender zu
erkunden.[29]

---

29   Heinz Schürmann hat dem „Gebet des Herrn" (Leipzig 1958) eine gediegene Untersu-
      chung gewidmet, die hier referiert wird.

Vater-Anrede

Wer das erste Wort des Jesus-Gebets mit den üblichen jüdischen
Anrufungen vergleicht, erkennt sofort einen Sonderfall. Zwar ist
den Juden die Vater-Anrede geläufig. Doch in der Mehrzahl ist
mit diesem Wort der Vater des Volkes Israel gemeint. Die vertrau-
lich-kindliche Wendung „ABBA – lieber Vater", wie sie uns auch
von Jesu Ölbergringen überliefert wird (vgl. Mt 26,39), wagte man
üblicherweise offenbar nicht zu gebrauchen. Überhaupt ist es be-
merkenswert, wie oft Jesus in den Evangelien Gott als seinen Vater
anspricht und wie oft er in seinen Erzählungen auf den Vater verweist. In Jesu Worten fällt ferner die unvermittelte Zuwendung des
Betenden zum himmlischen Vater ins Auge. Während viele andere
Gebete der Zeit Jesu mit heilsgeschichtlichen Erwägungen Israels
ansetzen, wenden sich im Herrengebet die Worte ohne Umschwei-
fe an den Vater. Offenbar wollte Jesus seinen Jüngerkreis und die
Kirche derselben gefühlten Nähe zuführen, in der er selbst an den
Vater gebunden war. Unbestreitbar zeigt Jesu Offenbarung: Was immer die Jüngergemeinschaft zum Beten und Bitten drängt, sie kann
auf Gottes sorgende Väterlichkeit zählen.

Andererseits verniedlichte der Herr nicht die Gottesbeziehung
von uns Menschen. Er hatte fraglos das Vater-Ansehen einer Groß-
familie Palästinas vor Augen. So weist der Herr gleich im Prono-
men der Anrede darauf hin, dass die Jünger die Vater-Beziehung
mit andern teilen. Damit öffnet das „Unser" sekundär alles Private
auf die große Gemeinsamkeit all derer, die Jesu Verkündigung erreicht. Auch ist dieser Vater „in den Himmeln": Ihm kommen die
Hochachtung und der Ruhm zu, die sich in der Geschichte des erwählten Volkes gezeigt haben. Er ist halt erhaben über alles Erden-
treiben, kein Papa „im Taschenformat".

Namensheiligung

Die erste Bitte des Gebetes, die wir uns zu eigen machen sollen,
erscheint lapidar. Im Vergleich mit anderen jüdischen Gebeten tritt
ihre knappe Nüchternheit zutage. Sie soll einprägsam sein wie eine
Lebensregel. Denn sie akzentuiert in großer Ausschließlichkeit und

letzter Wahrhaftigkeit Gott allein, nichts anderes als Gott. Dabei hat
die Absicht Jesu solchen Rang, dass ihre Erfüllung nicht allein in
die Hände des Beters gelegt sein kann. Die passive Formulierung
zeigt wie immer in der biblischen Sprache, dass der Beter es Gott
selbst anheimstellt, seine Herrlichkeit sichtbar zu machen. Er weiß,
allein Gott selbst kann die ihm zukommende Heiligung wirken.
Auch wenn sich der Gott Jesu schon im Alten Bund in die Hände
Israels gegeben hat und zu einem ansprechbaren Du geworden ist,
soll der in diesem Namen Anwesende gerühmt werden und sich
seine ihm gebührende „Größe" zeigen! Mariens Lobpreis im *Ma-
gnificat* wollte dem genügen: „Meine Seele macht groß den Herrn"
(Lk 1,46).

In eben dieser Wahrheit liegt die Mitte von Jesu Sehnen und
Begehren. Ihm geht es mit unerhörter Eindringlichkeit nur um
Gott. Seine Entschiedenheit ist ohne Abstriche, sein Denken total
theozentrisch. Deshalb will er auch die Seinen für dieselbe totale
Selbstvergessenheit im Vater gewinnen – wie die arme Witwe am
Opferkasten (vgl. Mk 12,41ff.), durch die entschiedene Abkehr von
allen Sünden (vgl. Mk 9,42ff.), durch die Übernahme des alttesta-
mentlichen „Hauptgebots", der Gottesliebe (vgl. Dtn 6,4f.).

Im Munde Jesu bekommen auch schon bekannte Anweisungen
des Alten Bundes neue Wärme. Sie verlieren alle Gesetzlichkeit,
möchten die Seinen gewinnen, anregen und erleichtern: Der zu
liebende Gott ist väterlich gut. So unterlässt Jesus es bei all seinen
Wohltaten nie, die Beschenkten an den himmlischen Vater zu erinnern. Das Wissen um dessen Zuwendung soll den Vater liebenswert
machen. Des Vaters unbegrenztes Entgegenkommen thematisiert
er eigens etwa mit der Geschichte vom aufdringlichen Freund und
vom vertrauensvollen Bitten (vgl. Lk 11,5ff.). Er fasst das Übermaß
der Vaterliebe in das Gleichnis vom verlorenen Sohn: dass dieser
den nichtsnutzigen Herumtreiber immer sehnsüchtig erwartet hat,
dass er ihn wieder annimmt und ihm um den Hals fällt, dass er ihn
sogar gegen den irritierten Bruder in Schutz nimmt.

So redet Jesus Christus zu uns Christen. Und niemand mache
den Einwand: Die Liebe zum personalen Du Gottes sei den wenigen
mystisch Begabten vorbehalten!

Gottes Königtum

Die zweite Bitte des Herrn berührt die schon genannte, obwohl sie die individuell-private Sphäre überschreitet. Gott soll auf Erden herrschen. Dann jedoch ist neben dem störrischen menschlichen Willen die widergöttliche Macht zu überwinden. Voraussetzung für Gottes uneingeschränktes Regiment ist der Sieg über den „Herrscher dieser Welt" (Joh 12,31). Blauäugiger Gleichmut und diplomatische Kompromisse werden scheitern. Gottes Herrlichkeit ist dem Einzelnen wie der Gemeinschaft aufgetragen; seine Gloria soll sich sozial durchsetzen. Dass mit diesem Ziel entschiedener Kampf ansteht, erlebt Jesus selbst und erlebt auch die Kirche. Dennoch erfahren Christi Anhänger gleichzeitig schon auf Erden ein Angeld künftiger Seligkeit mit „Brüdern, Schwestern, Müttern, Kindern und Äckern" (Mk 10,19). Und der Herr sagt ihnen zu, sie würden im kommenden Reich „mit mir an meinem Tisch essen und trinken und auf zwölf Thronen sitzen" (Lk 22,30).

Wieder kann kein Jünger Christi daran zweifeln, dass nicht Menschenhand das „kommende Reich" heraufführt; es ist der Vater, der es der kleinen Herde gibt (vgl. Lk 12,32). So hat denn die harrende Kirche den Blick zu Gott zu erheben. Wohl wird der Christ Gottes Willen im Diesseits umzusetzen trachten; nur dann kann die Glaubensgemeinschaft Gottes Repräsentant sein. Doch Diesseitiges und Innergeschichtliches sind letztlich der erlösende Widerschein, den Gott selbst wirkt. Darum verweist Christus auf „Zeichen", als der Täufer Johannes fragen lässt: „Bist du es, der da kommen soll?" „Geht und berichtet Johannes, was ihr gehört und gesehen habt" (Lk 7,18). Jesu Heilstaten sind der Reflex, dass der gute und heilige Vater am Werk ist. Denn nur in Gott selbst wird der Sohn Satans Herrschaft brechen; nur aus Gottes Kraft kann die Welt erlöst werden. Und Jesus lehrt uns zu beten: „Dein Königtum komme." In der ältesten uns überlieferten Kirchenordnung (60/65 nach Christi Geburt) ruft die Gemeinde daher: „Es komme die Gnade und vergehe die Welt" (Didache 10,6).

Paulus: Um Gott zu bekunden

„Kirchenpolitik verdirbt die theologische Erkenntnis", hieß es kürzlich in einem Zeitungsartikel. Gerade darum sind überkommene Glaubensdaten zuverlässiger als gesellschaftliche Relevanz, weil Wahrheit sich nicht nach strategischen Interessen richtet. Der Völkerapostel Paulus korrigiert verbreitete Missdeutungen. Er hat das geoffenbarte Kirchenverständnis etwa im Epheserbrief dargelegt. Heinrich Schlier († 1978) ging ihm nach – und zwar schon 1949, als er noch den renommierten Lehrstuhl für Neues Testament der Evangelischen Fakultät der Universität Bonn innehatte.[30]

Gestiftet am Kreuz

Der genannte Brief bezeugt nach diesem herausragenden Exegeten die Lehre des Apostels: Gottes geheimnisvoller Wille zielte schon vor Erschaffung der Welt darauf ab, in Christus den Kosmos neu und abschließend zu deuten. Juden und Heiden, Israel und die übrige Welt, sollten in Gottes Sohn am Kreuz zusammengefasst werden. Wesentlichen Anteil solcher Einverleibung des Alls in Christus (ANAKEPHALEIOSIS; Eph 1,10) hat für diesen Prozess die Sendung der Kirche.

Christi Heilswerk in Zeit und Welt nahm in dem Leibe Christi am Kreuz seinen geschichtlichen Anfang. Seine Hingabe galt zunächst den verlorenen Schafen Israels – einer inchoativen Kirche. Schon „Israel konnte in der Tat im Sinne der Erwählung und Erwartung Kirche genannt werden" (164), ein hoffendes adventliches Gottesvolk. Es wurde dann zusammen mit den Heiden von Gott in Christus am Kreuz erhöht, in den Himmel versetzt und lebendig gemacht. Dabei weiß sich der Apostel in den Heilsvorgang auch persönlich eingeschlossen; er wechselt bei den Aussagen vom lehrenden „Ihr" zu einem inklusiven „Uns". Er redet also als Teil dieser Kirche, steht nicht distanziert einem Abstraktum gegenüber. Die verbindende Klammer aller ihrer Glieder sieht Paulus in der Taufe. Durch sie werden die Glaubenden in den fortlebenden Christus

---

30   HEINRICH SCHLIER, *Die Kirche nach dem Brief an die Epheser*, in: Die Zeit der Kirche,
      Freiburg 1966, 159–186.

inkorporiert und weilen nun in ihm. „Wir sind Kirche" entsteht in Christus – aber nicht als diesseitiger Protestgesang, sondern weil uns Christus gleichsam mitgenommen hat auf seine Himmelsreise.

Dann bedenkt Paulus die Konsequenz, die aus unserm Kirche-Sein folgt. Das Heil steht uns offen. Doch wir haben gleichzeitig eine Sendung. Gottes Wundertat an uns Gläubigen geschah nämlich nicht nur unseretwegen. Der Herr tat sein Werk sozusagen auch aus Eigeninteresse. Er wollte auch „den kommenden Zeiten den überfließenden Reichtum seiner Gnade zeigen" (Eph 2,6). Gottes Gnadentat an den Getauften zielt gleichfalls auf deren machtvolle Proklamation in die Zeit. Die „kommenden Äonen" sind angesagt – oder anders: Das Evangelium macht seinen Weg in die Öffentlichkeit der Weltgeschichte. Ihr muss Gottes Großtat und Zuwendung bekannt gemacht werden. Wir wurden gewürdigt, „Mitbürger der Heiligen und Hausgenossen Gottes" (Eph 2,19) zu sein. Und solch hohe Auszeichnung muss von uns aus auf andere abstrahlen. Genau diesen Auftrag hat die vielfältige Weisheit Gottes der Kirche zugedacht, und deshalb betritt sie die Räume und Zeiten der Jahrhunderte. Vom gekreuzigten Herrn soll durch die Gemeinschaft der Erlösten die Gnadenbegegnung Gottes mit der Weltgeschichte ihren Lauf nehmen. „Damit ist in dem erhöhten Christus die Kirche für die Augen der Zukunft offenbar geworden" (168).

Hingeordnet auf die Weltgeschichte

Die Grundsendung der Glaubenden liegt demnach für den Apostel Paulus darin, das All zu erfassen, um es Christus zuzuführen. Gott rief die Kirche wegen dieses ihres theozentrischen Auftrags ins Dasein. Was vor Christi Erhöhung den Mächten verborgen war, „das vollzieht sich nun praktisch im Kosmos durch die Kirche. Denn indem der erhöhte Christus durch seine Gaben seinen Leib in seinen ‚Heiligen' erbaut zu ihm selbst hin, lassen diese auch das All zu ihm wachsen" (169).

Der Exeget schlussfolgert aus diesen Versen an anderer Stelle einige Wesenszüge der Kirche. Sie sei „eine von vornherein öffentliche Größe, genauer: eine der Öffentlichkeit von vornherein zugeordnete Größe". Sie könne darum grundsätzliche nicht auf den Öffentlichkeitsanspruch verzichten.[31] Ihr Öffentlichkeitswille entspringe demnach nicht ihrem Geltungsdrang, sondern einer Öffentlichkeitspflicht. Sie existiere, damit Christus, seine Auferweckung und Erhöhung, kommenden Äonen offenbart werde. Freilich müsse die Kirche trotz dieser Weltoffenheit auf die Weitergabe des erlösenden Heils gerichtet bleiben. Beim Öffentlichkeitscharakter der Kirche gehe es eben um das Anwesen der Gnade in den Welten. Ihre gesellschaftliche Greifbarkeit verdürbe demnach, wenn sie zum Geltungsdrang würde oder wenn sie sich selbst zu einer dieser Weltmächte machte. Auch sei alle Selbst- und Fremdsicht irrig, die aus der Angst entspringe, „nicht mit der Zeit mitzukommen. [...] Die Kirche ist ja als das Dokument der Gnade, durch das diese der Öffentlichkeit sichtbar werden soll, jeder Zeit voraus. Die Zeiten kommen auf sie zu, nicht sie auf die Zeiten"[32].

Die gigantischen kosmischen Dimensionen des paulinischen Denkens möchten uns, seinen Hörern, den Atem verschlagen. Wir wagen die Abmessungen des Universums und den Machtbereich der Heilsgeschichte kaum noch mit „Kirche" zusammenzudenken – heute weniger denn je. Wohl übersieht Paulus in seinem apostolischen Realismus auch nie, dass „Schmutzflecken und Runzeln des Alters und andere Fehler" (Eph 5,27) ihre Schönheit verschandeln und ihrem Auftrag zuwiderlaufen. Und wie die scharfen Interventionen in seinen Briefen erkennen lassen, ist er absolut nicht bereit, mit einem „Schwamm drüber" das Widergöttliche zu banalisieren. Doch begnügt er sich nicht damit, seine Kirchenvorstellung resigniert oder diplomatisch auf einen kleinen Vorgarten zu reduzieren, der aufzuhübschen ist – vielleicht sogar um den ohnehin geprüften Christen entgegenzukommen. Nach dem Völkerapostel obliegt der Kirche nichts weniger, als in das fundamentale Heilswerk Gottes in Jesus Christus einzutreten; es geht um den großen Sinn der Weltgeschichte; die Schöpfung als Ganze ist betroffen. Erst in solchem Dienst kommt die Kirche zur Vollkommenheit und „stellt Christus in seiner vollendeten Gestalt dar" (Eph 4,13).

---

31   Heinrich Schlier, der bis 1953 evangelisch war, suchte mit seiner Konversion in der katholischen Kirche offenbar auch deren Sichtbarkeit.
32   So HEINRICH SCHLIER, Der Brief an die Epheser, Düsseldorf 1958, 114.

Kirchenlehrer: Zum „Jauchzen" und zum „Entwerden"

In Gottes Offenbarung hat Christsein den gottgegebenen Anfang und sein verbindliches Grundgesetz. Wer immer Kirche verstehen und ihr beistehen will, ist zuerst auf diese Wurzel verwiesen. Im Ablauf der Jahrhunderte kommentieren darum glaubende Männer und Frauen ständig neu diese Basis-Dokumente. Sie stellen sich der Tatsache, dass Menschen- und Weltgeschichte voranschreiten und neue Lebensfragen aufkommen. Ihre Gedanken sind uns ein kostbarer Schatz – hatte der Herr selbst doch den Seinen zugesagt, sie würden später tiefer in seine Botschaft eindringen: „Der Beistand aber, der Heilige Geist, den der Vater in meinem Namen senden wird, der wird euch alles lehren und euch an alles erinnern, was ich euch gesagt habe" (Joh 14,26). So setzt der Glaube der Kirche über die fundamentalen Urkunden hinaus auf Erläuterungen von Geistbegabten, die später kamen. Und ihre Belehrung zeigt trotz mancher Turbulenzen in den 2000 Jahren kirchlicher Dauer eindrucksvoll, dass Gottes Wort nicht veraltet.

Mit Gottes Beistand ist dann ihrem Chor auch für heute Klärendes oder gar Grundlegendes zu erschließen – je nach der Heiligkeit ihrer Sprecher. Ist es doch die Nähe zum Heiligen Geist, die ihren Worten Autorität gibt. Vom heiligen Clemens, einem der ersten römischen Bischöfe, stammt der Satz: „Geht zu den Heiligen; denn die mit ihnen gehen, werden geheiligt werden."[33] So dürfen wir nicht nachlassen, Gottes Boten früherer Zeiten zu hören. Von ihnen sollen uns zwei herausragende Gestalten mit ihrer Sicht von Kirche Anstoß und Mahnung für heute sein.

Augustinus von Hippo († 430)

Als Erster sei der heilige Augustinus angeführt. Er gilt als der bedeutendste und der in der westlichen Kirche einflussreichste Kirchenvater. Nicht nur seine Lebensbeichte, die *Bekenntnisse,* haben über Jahrhunderte hin unverändert ihre Faszination behalten. Der große

---

33   *1. Clemensbrief* 46,2.

Entwurf seiner Heils- und Weltgeschichte *(De civitate Dei)* bleibt
gleichfalls exemplarisch. All seine Schriften sind theologisch-pasto-
rale Fundgruben. Im Lauf seines Hirtendienstes kommentierte er
ferner Gesang für Gesang des ganzen alttestamentlichen Psalters.
Er begann damit schon als junger Bischof und vollendete die Arbeit
im fortgerückten Alter. Seine Predigten sind oft im Steggreif gehalten, sehr lebensnah – sowohl in Hippo wie später in Karthago. Diese
Auslegungen wurden Augustins längstes Werk. Seine Deutung der
ersten Verse des Psalms 66[34] sei hier kurz bedacht.

Der Psalm beginnt mit einem kraftvollen Aufruf zum Lobpreis
Gottes: „Jauchzt vor Gott, alle Länder der Erde! Spielt zum Ruhm
seines Namens! Verherrlicht ihn mit Lobpreis!"

Augustinus beginnt mit der Frage, was mit dem Ruf: „Jauchzt
dem Herrn!" gemeint sei. Man wolle offenbar ein Musikinstrument
bereithalten und ihm zum Gesang die Töne entlocken. Gott solle
es hören und die Mitmenschen auch. Dann kommt gleich eine pä-
dagogische Warnung: Die Musiker sollten sich aber hüten, im eigenen Namen zu singen und zu spielen. Augustinus verweist auf die
schon erwähnten Worte Jesu aus der Bergpredigt. Dort heiße es:

> „,Eure Werke sollen leuchten vor den Menschen, damit sie
> eure guten Taten sehen und euren Vater im Himmel prei-
> sen.' Sie sollen also eure guten Werke sehen und nicht euch
> preisen, sondern Gott. Wenn ihr nämlich gute Werke tut, da-
> mit ihr gepriesen werdet, so erhaltet ihr zur Antwort, was er
> selbst über Leute dieser Art gesagt hat: ,Wahrlich, ich sage
> euch: Sie haben ihren Lohn schon empfangen', und weiter:
> ,Sonst werdet ihr keinen Lohn bei eurem Vater im Himmel
> haben.'"

Solche Selbstbescheidung meine jedoch keinesfalls, die eigenen
Taten zu verstecken. Denn der Herr betone ja: „Eure Werke sollen
leuchten vor den Menschen." Vielmehr gehe es um die Absicht des
Singenden; sie gäbe den Ausschlag. Der Herr lege fest:

> „Wenn du es deshalb tust, damit du gepriesen wirst, dann
> fällt es unter mein Verbot; tust du es aber, damit Gott geprie-

---

34   *Enarr. in Ps. 66* (CChr.SL 38–40).

sen wird, dann entspricht es meinem Befehl.' Spielt also den Psalter, nicht eurem Namen, sondern dem Namen des Herrn, eures Gottes. Ihr sollt den Psalter spielen: Er werde gelobt. [...] ,Stimmt Psalmen an seinem Namen, bringt ihm Lobpreis dar!' All unser Sinnen und Trachten lenkt er auf das Lob Gottes, nichts lässt er uns mehr, wofür wir selbst Lob verdienten. Rühmen wir uns dessen umso mehr und freuen wir uns: Hangen wir ihm an, erringen wir Lob in ihm!"

Der Bischof hat bei dieser Aufforderung vor Augen, dass die vom Evangelium geforderte Motivation weltlichem Denken widerstrebt. So spricht er die hier berührte, scheinbare Paradoxie an: Gott erlöst durch Erniedrigung. Er zitiert den Apostel Paulus:

„Schaut doch nur auf eure Berufung, Brüder! Da sind nicht viele Weise nach dem Fleisch, nicht viele Mächtige, nicht viele Hochgeborene. Nein, was die Welt für töricht hält, hat Gott auserwählt, um die Weisen zu beschämen, und was die Welt für schwach hält, hat Gott auserwählt, um das Starke zu beschämen, und was in der Welt ohne Ansehen und nichts ist, das hat Gott auserwählt, als ob es etwas wäre, um das, was etwas ist, zunichte zu machen."

Gottes Heilsgesetz mache verständlich, dass der Herr den Matthäus zum Apostel erwählt hätte – keinen angesehenen Schriftgelehrten, sondern einen schlecht beleumundeten Zöllner. Und Jesus selbst sei aus Nazareth gekommen, einem Ort, von dem es hieß: „Kann denn aus Nazareth etwas Gutes kommen?" Später habe der Herr dann auch Gebildete berufen; aber diese hätte wohl der Hochmut betört, wenn er nicht zuerst einfache Fischer erwählt hätte. Er habe auch Reiche eingeladen; doch diese hätten behauptet, sie seien ihres Reichtums wegen erwählt worden, wenn er nicht vorher zuerst die Armen bestellt hätte. Er hätte auch Kaiser in seine Kirche aufgenommen. Aber es sei besser, dass Kaiser heute bei ihrem Rombesuch üblicherweise ihre Krone abnähmen und am Grabe des Fischers weinten, als dass der Fischer am Grabe des Kaisers weine. Kein Fleisch solle sich rühmen dürfen vor Gott.

„Seht doch, wie er uns Ruhm genommen hat, um uns Ruhm
zu schenken: unsern hat er genommen, um seinen zu schenken, leeren hat er genommen, um erfüllten zu schenken,
wankenden hat er genommen, um dauerhaften zu schenken!
Wie viel stärker, wie viel fester ist doch unser Ruhm, weil er
in Gott ist! Nicht in dir also darfst du dich rühmen, das hat
die Wahrheit verboten, sondern was der Apostel sagt, das ist
es, was die Wahrheit befohlen hat: ‚Wer sich rühmt, rühme
sich im Herrn.'"

Statt sich zu rühmen gälte das Apostelwort: „Wirkt euer Heil mit
Furcht und Zittern." Warum mit Furcht und Zittern? Weil Gott es
sei, der das Wollen und Handeln im Menschen ermögliche. Wer
jedoch auf sich selbst setze, den treffe das Urteil eines anderen
Psalms:

„‚Diese rühmen sich ihrer Wagen und diese ihrer Pferde‘,
also irgendwelcher Besitztümer und Gerätschaften, um sich
selbst größer zu machen. ‚Wir aber‘, heißt es, ‚wollen uns
rühmen des Namens des Herrn, unseres Gottes.‘ [...] Sieh,
wie jene sich an sich selbst emporrichteten, und sieh, wie diese sich rühmten in Gott! Und was war die Folge davon? Jene
gerieten in Schlingen und kamen zu Fall, wir aber haben uns
erhoben und blieben aufrecht stehen.'"

Cyrill von Alexandrien († 444)

Der überragende heilige Theologe Augustinus setzt gedankenreich
auf die Theozentrik kirchlichen Seins und Handelns; Kirche ist
nichts als Gottes Magd. Andere frühchristliche Theologen relativieren unsere Glaubensgemeinschaft noch stärker. Das Schicksal der
Kirche sei – man wagt es kaum zu sagen – deren Vernichtung; aus
ihr würde dann die Verherrlichung geboren. Kirche sei die immer-
fort Sterbende, aus der das unzerstörbare Leben aufblühe. Ihr greif-
bares Symbol ist für diese Theologen der Mond. Nach ihnen wird
sie erleuchtet von dem *Sol invictus*, von Christus, der ewigen Sonne.
Immerzu stirbt die Kirche, wird greisenhaft und erlischt – um sich

dann dem göttlichen HELIOS neu darzubieten. So kommt es in der patristischen Theologie zu einem uns heute irritierenden Aspekt, den Kenner überschreiben als „Die sterbende Kirche"[35].

Ein Repräsentant solcher Theologie ist der bedeutende afrikanische Bischof Cyrill von Alexandrien († 444). Er verfügte über eine solide theologische Bildung, Seine Schriften lassen erkennen, dass er lange und ausführlich die Texte der Bibel betrachtet hat. Sein Glaubens- und Frömmigkeitsleben ruht auf einem verlässlichen dogmatischen Fundament. Ferner kennzeichnet ihn ein hohes Maß an politischem Gespür und entschiedene Durchsetzungsfähigkeit. Gegenüber der Irrlehre kennt er keine Konzession. Er zeigt vielmehr große Härte, nutzt aber auch alle kirchenpolitische Klugheit. Also ist er weder irenisch noch weltflüchtig.

Cyrill wurde vor allem durch seine Kontroverse mit Nestorius von Konstantinopel bekannt, die zum Konzil von Ephesus im Jahre 431 führte. Nestorius lehnte es ab, Maria als „Mutter Gottes" zu bezeichnen; so wollte der Irrlehrer sicherstellen, dass Jesus ganz Mensch und die Erlösung durch sein Menschsein erfolgt sei. Cyrill bestand dagegen auf dem Titel „Gottesgebärerin". Er unterstreicht die Einheit der Person Christi, die beide Naturen – die göttliche und die menschliche – in sich verbindet. Der Orient nennt den Kirchenvater das „Siegel der Väter", weil er sich in seinen Werken auf die Kontinuität der kirchlichen Lehrtradition bezog und auf frühere geistliche Autoren, vor allem auf Athanasius, einen seiner Vorgänger auf dem Bischofsstuhl von Alexandrien.

Von diesem maßgeblichen Verteidiger der alexandrinischen Christologie sind uns manche Schriften erhalten. Unter ihnen gibt es auch eine Katechese, die uns Heutige fraglos provoziert; sie mag einigen Kirchenleuten vielleicht ärgerlich, ja unannehmbar erscheinen. Denn sie ruft dazu auf, die Kirche müsse, ihrem Weltglanz sterbend, dem Herrn nachfolgen – als Instrument von Christi Erlösung. Doch Cyrills Irritation ist fraglos gedeckt vom Heilswerk des Herrn am Kreuz. Sein unzeitgemäßes Wort kann ein Stachel sein im Fleisch gegenwärtiger Ekklesiozentrik. Immerhin stammt es von einem Heiligen, der zum Kirchenlehrer erklärt wurde.

---

35   Siehe HUGO RAHNER, *Symbole der Kirche. Die Ekklesiologie der Väter*, Salzburg 1964, 97–139.

Für Cyrill muss die Kirche ihrem Glanz sterben, damit sie Leben
gibt; sie muss „entwerden", damit sie gebären kann; sie muss ins
Dunkel Christi hinabwandern, damit sie ewig leuchten kann; sie
ist Braut in der Ekstase ihrer Hingabe, Mutter in der verzichten-
den Selbstbescheidung ihres irdischen Wachstums, Königin in der
Umkleidung mit Gottes Licht. So teilt die Kirche das Schicksal des
Herrn. Wohl schlagen ihr auf Erden Anfeindung und Hass entgegen, werden ihre Glieder verfolgt und verleumdet, bleibt ihr der
Gang ans Kreuz nicht erspart. Doch keinesfalls, weil ihr Tot-Sein
sie verzichtbar machte. Sondern weil ihr Sterben mit Christus erlösende Kraft hat.

Und der Theologe macht eine Anspielung auf die alttestamentliche Rachel. Wie Benjamin gerade im Tod von Jakobs Lieblings-
frau ins Leben getreten sei (vgl. Gen 35,18), so erwachse der Kirche
aus irdischem Sterben ewiges Leben. Denn das Erlangen des geheimnisvollen Lebens in Christus bedeute schon jetzt das Abster-
ben für die Welt. Gewiss sei die Kirche noch in der Welt, umgeben
von Fleisch, sodass man ihr „den innerlichen Sonnenglanz Christi"
nicht ansehe; für die Kirche liege der Widerspruch zwischen Schau-
en und Glauben auf der Hand. Doch sie, die nicht selbst Christus
ist, leuchte in dessen einzigem Licht. Und einst, wenn das wahre
Leben beginne, würde sie ewig leuchten und zugleich zu leuchten
aufhören; denn der Sonnenglanz der Schau Gottes verdunkle und
erleuchte sie gleichzeitig.

> „Wie niemand am sichtbaren Himmel Sonne und Mond aus-
> löschen kann, so kann niemand unter den Menschen das
> Leuchten der Kirche verdunkeln, das heißt, ihre nur geis-
> tig erfassbaren Strahlen. Denn ewiglich wird sie leuchten
> wie Sonne und Mond. [...] Der Tod der Rachel bedeutet also
> wahrhaftig den geistigen Tod in Christus für die Schar der
> Glaubenden, das ist für die Kirche, die uns hinüberführt in
> ein anderes Leben, aus der Schwächlichkeit in die Kraft, aus
> dem Verachtetsein in die Ehre, aus dem Zerfallen in die Un-
> vergänglichkeit, aus der Begrenztheit der Zeit in das göttlich
> unveränderliche Leben."[36]

---

36   Ebd., 118–121.

III. Israel, die Wurzel

Nach dem epochalen vatikanischen Lehrdokument *Über die göttliche Offenbarung* (= DV) beginnt Gottes Erlösungswerk lange vor Christi Menschwerdung schon mit der Erwählung Israels. Die Stammeltern – Abraham, Moses und die Propheten – werden beispielhaft genannt, um die Anfänge der Heilsgeschichte festzuhalten und um jede neutestamentliche Verkürzung aufzubrechen (vgl. DV 3). Entsprechend dieser Sicht hat sich mindestens seit dem Konzil das Interesse der katholischen Kirche völlig zu Recht stärker dem Gewicht zugewandt, das das Alte Testament für den christlichen Glauben behalten hat.

Hermeneutisch unverzichtbar

Da mag zunächst einer unserer wohl größten Gottesgelehrten aufgerufen werden: Hans Urs von Balthasar († 1988). Sein phänomenales Werk *Herrlichkeit* bezeugt theologische Sachkenntnis und geistlichen Tiefsinn, wie sie selten zu finden sind. In seinem Band über das Alte Testament unterstreicht er die Unverzichtbarkeit der Gesamtgeschichte Israels für das Ereignis Jesus Christus. Das Vollendende sei nur gegeben zusammen mit dem, was es vollende. Man könne heute nicht nachdrücklich genug betonen: „Das Christentum ist ohne den Alten Bund nicht verstehbar." Wer versuche, Gestalt, Botschaft und Nachwirkung Jesu Christi zu begreifen, ohne seine Nähe zum Alten Bund zu beachten, scheitere notwendig. Die unzähligen Rückbezüge innerhalb der Bücher des Neuen Testaments hätten ihr großes bleibendes Gewicht und seien keineswegs als „zeitgebundene Schriftbeweise" abzutun. Die Kenner der Bibel bestätigten außerdem ihre Eignung als „dem Alten Testament grundsätzlich gemäß". Wer das verkenne, verfehle eine wesentliche Seite des neutestamentlichen Selbstverständnisses. Darum habe

die christliche Kirche sich in ihrer Eigenart „als Gestalt [...] und als
solche auch von Israel her zu legitimieren". Der Theologe nennt diese Verklammerung „argumentum ex prophetia"[37].

Bezeichnend ist ebenso ein hoch qualifiziert besetztes wissen-
schaftliches Symposion. Im Sommer 2008 lud Papst Benedikt XVI.
seinen Schülerkreis zu einem „Gespräch über Jesus" in die Päpstli-
che Sommerresidenz nach Castelgandolfo bei Rom ein. Unter den
theologischen Kennern referierten auch zwei ausgewiesene Exegeten der Evangelischen Fakultät Tübingen: der schon erwähnte Martin Hengel und Peter Stuhlmacher (* 1932). Neben den Vorträgen
brachte die Diskussion manche erwähnenswerte Erkenntnis zutage. In einem Redebeitrag geht Professor P. Stuhlmacher auf die of-
fensichtliche Not ein, dass manchem Zeitgenossen heute der Sinn
für Gott abgeht. Er fragt, ob man aus diesem Grund bei modernen
„Heidenchristen" für die Glaubensverkündigung nicht stärker das
Alte Testament heranziehen müsse, obwohl es unserer Zeit fraglos
schwer zugänglich sei. Er beklagt dann zugleich die Zurückhal-
tung, die die evangelische Kirche in diesem Punkt zeige. Schon der
evangelische Philosoph Friedrich Schleiermacher († 1834) habe vertreten, die Kirche hätte besser das Alte Testament als Heilige Schrift
abgetan und dem Neuen nur einen kleinen Anhang aus moralisch
und religiös akzeptablen alttestamentlichen Texten anfügen sollen.
Von diesem Theologen sei ein wichtiger Impuls ausgegangen, Jesus
von Nazareth den Zeitgenossen ohne das Alte Testament verständlich zu machen. Dann stellt der Referent in aller Klarheit fest: „Aber
das war und ist nicht möglich." Gottes Heil sei nach der von Gott
gefügten Heilsgeschichte in der Gestalt Jesu aus keinem anderen
Land als aus Israel gekommen. Das dürfe man für die rechte Sicht
Gottes und Jesu nicht beiseiteschieben. „Für uns alle als christliche
Lehrer und Verkünder bedeutet das, dass wir das Alte Testament
unaufhörlich durchforschen und kirchlich lebendig machen müssen, um Jesus und das Evangelium selbst zu verstehen und andern
verständlich zu machen." Besonders durch das Psalmen-Gebet könne man lernen, biblisch zu denken und zu glauben. Das sei ein Weg
wieder einzusehen, dass wir uns ganz und gar Gott schulden. Dann

---

37   Etwa Hans Urs von Balthasar, *Herrlichkeit – Theologie: Alter Bund*, Einsiedeln 1967,
      371f.

gesteht er ein gravierendes Versäumnis ein: Wir „werden dieser Verpflichtung aber in keiner Weise gerecht"[38].

Neutestamentlich bestätigt

Vom großen Augustinus wird der Satz überliefert: *„Novum Testamentum in Vetere latet, Vetus Testamentum in Novo patet* – Das Neue Testament liegt im Alten verborgen, das Alte wird im Neuen aufgedeckt." Auf die hohe Zahl alttestamentlicher Zitationen im Neuen Testament wurde schon hingewiesen. Mit ihnen zeigen sich die Evangelisten und die anderen Autoren nicht nur als Angehörige des Volkes Israel; sie bekunden auch, dass Gott sein Heilswerk lange vor ihnen begonnen hatte.

Auch fehlt es im NT nicht an direkten Hinweisen, dass Gottes Erlösungstat lange vor Christus begann. Besonders der Evangelist Matthäus stellt die Verklammerung des Neuen mit dem Alte Testament heraus. Sein Evangelium verweist wieder und wieder auf Gottes Handeln mit Israel. Für ihn ist die Kirche in dieses Erbe eingetreten. Jesus vollendet das Vermächtnis Abrahams; er ist der ehedem verheißene Messias Israels. Einen Aufweis findet der Evangelist etwa im „Gottesknecht-Lied" des Propheten Jesaia (vgl. Jes 42,1-4). Ob diese Verse ursprünglich kollektiv verstanden wurden, kann hier unbeachtet bleiben. Der Evangelist stellt mit der Anspielung programmatisch Jesus von Nazareth als den Knecht Gottes vor (vgl. Mt 12,15-21). Und in ihr deutet sich gleichzeitig die Universalität von Gottes Heilswillen an: „Auf seinen Namen werden die Völker ihre Hoffnung setzen" (Mt 12,21). Für Matthäus vollendet sich in Gottes Sohn alttestamentliche Heilsverheißung. Und sie lässt darüber hinaus erkennen, dass Jahwes gnädige Hinwendung zu Israel nicht an den Grenzen dieses Volkes Halt machen soll.

Elementar steht fraglos dem Völkerapostel die Kontinuität zwischen altem und neuem Volk Gottes vor Augen. Er klagt mit ergreifenden Worten über die Verschlossenheit Israels (Röm 9,1-3): „Ich bin voll Trauer, [...] mein Herz leidet, [...] ich möchte selber verflucht

---

38 In: PETER KUHN (HG.), *Gespräch über Jesus. Papst Benedikt XVI. im Dialog mit Martin Hengel, Peter Stuhlmacher und seinen Schülern in Castelgandolfo 2008*, Tübingen 2010, 102f.

und von Christus getrennt sein." Doch niemand darf aus Israels
Verstocktheit schließen, die Schuld läge in der Schwäche von Gottes
Botschaft an sein auserwähltes Volk. Der Apostel versichert zum
Abschluss des Exkurses über Israel: „Unwiderruflich sind Gnade
und Berufung, die Gott gewährt" (Röm 11,29). Gottes schöpfe-
risches Wort hat Israel gestiftet; dies Wort „bewirkt, was ich will,
und erreicht all das, wozu ich es ausgesandt habe" (Jes 55,11). Es gilt
weiter, ist noch kräftig und effizient. Demnach ist der besondere
Ruf an Israel nicht hinfällig geworden. Selbst wenn sein Volk sich
sperrt, lässt Jahwe seine Treue unerschütterlich walten. Sein Liebe
zu Israel und deren Vätern hört niemals auf. Nach solcher Garantie
des Völkerapostels wird niemand vergessen, dass wir Christen das
„Gesetz und die Propheten" als Glaubenswahrheit zu lesen haben.

Eine weitere Bestätigung für die Fortdauer der göttlichen Ver-
heißungen an Israel im Neuen Bund gibt die Apostelgeschichte. Sie
zieht den Propheten Amos heran „Danach werde ich mich umwen-
den und die zerfallene Hütte Davids wieder aufrichten [...], damit
die übrigen Menschen den Herrn suchen, auch alle Völker, über
denen mein Name ausgerufen ist" (Apg 15,16f.). Der Herrenbruder
Jakobus hält in seiner Ansprache fest, dass Jahwe in der zurück-
liegenden Geschichte mit seinem Volk ein bleibendes Fundament
geschaffen hat. Auf diesem errichtet er nun das Gebäude des Neuen
Bundes. Gott wird das, was er einmal gebaut hat, nicht verfallen lassen. Denn Jahwes Heilszusagen sind unwiderruflich. Durch Jesus
Christus trat Gottes Heilswerk erkennbarer in die Phase, „dass auch
die Heiden den Herrn suchen". Freilich geht es „nicht mehr um die
Herrschaft Jerusalems über die Völker, sondern um die von Gott
von Ewigkeit her angestrebte ‚Umkehr der Heiden' (Vers 29) aus
allen Völkern"[39].

Jahwes Option für Israel

Wer sich heute auf Jesus Christus und sein Heilswerk einlässt, kann
ihn nicht ohne seine Wurzeln kennenzulernen versuchen. Ebenso
wenig wird einer, der das Alte Testament übersieht, die Kirche und

---

39   So RUDOLF PESCH, *Die Apostelgeschichte II*, Zürich 1986, zur Stelle.

ihre Sendung erfassen. Das erste Buch der Bibel, die Genesis, beginnt mit dem Satz: „Im Anfang schuf Gott den Himmel und die Erde." Gott hat die ganze Welt gemacht und alles Leben geschaffen. Die biblische Offenbarung hält fest: Jahwe wendet sich als Herr der Welt- und der Völkergeschichte seiner ganzen Schöpfung zu, nicht nur ein paar Bevorzugten. Die Worte des Berichts zielen auf Universalität. Gleichsinnig ist dann die Berufung des Abram. In ihr tritt wieder hervor: Gottes Segen wird für die andern Völker Realität im Segen Abrahams und seiner Nachkommen.

> „Der Herr sprach zu Abram: Zieh weg aus deinem Land, von deiner Verwandtschaft und aus deinem Vaterhaus in das Land, das ich dir zeigen werde. Ich werde dich zu einem großen Volk machen, dich segnen und deinen Namen groß machen. Ein Segen sollst du sein. [...] Durch dich sollen alle Geschlechter der Erde Segen erlangen." (Gen 12,1-3)

Motiv für Schöpfung und Erwählung ist demnach Gottes Wille zu überfließender Anteilgabe. Sein unbegrenztes Wohlwollen kommt in Israel immer wieder zur Sprache; seine Geschichte, Niederschriften und Liturgie sind davon durchzogen. In den Psalmen werden alle Nationen aufgerufen, Jahwe zu preisen. Die Weissagungen der Propheten betreffen nicht selten auch andere Nationen, die dann sogar – ohne es zu wissen – im Namen Gottes handeln. Alles Geschehen auf Erden dient dazu, dass zur gegebenen Zeit alle Völker der Erde ihr Heil in Jahwe finden. Ein neuer Himmel und eine neue Erde warten. Den Apostel Paulus weist der kosmische Heilsentwurf des Hebräer-Briefes als genuinen hebräischen Lehrer aus.

Aus Gnade

Jahwe gestaltet diesen allumfassenden Prozess nicht in distanzierter Selbst-Isolierung. Er ist nämlich kein „Allah", der über den Wolken absolutistisch thront und alles allein bewirkt. Seine Natur ist die Liebe. Und diese will ja Nähe und Aufwertung des andern durch Einbeziehen und Mitwirkung. Dabei erhält dann Israel zunächst einen besonderen Part für den Gang der Dinge. Dieser Auftrag ist

es, der den theologischen Anker seiner Erwählung ausmacht.[40] Aus
ihr ergeben sich zunächst konkrete Aufgaben und Pflichten für bestimmte Personen. Aber im Fortgang beschränken sie sich nicht
auf Dienste von Einzelnen, sie ergreifen das Volk als solches. So
kristallisiert sich langsam eine unfassbare Aufgabe heraus: Israel
avanciert – in gewissem Sinne – zur Stellvertretung Jahwes in der
Welt. Es wird im Kreis der Völker gewürdigt, „in besonderer Weise
Jahwes Gegenwart zu repräsentieren"[41].

Aus dieser Erwählung des Volkes ergibt sich dessen exklusive
„Zugehörigkeit" zu Jahwe. Sie wird im AT durch eine Fülle von Ver-
gleichen ausgedrückt. Am häufigsten kommt sie im Bild der eheli-
chen Gemeinschaft zur Sprache. Erstmals gebraucht der Prophet
Hosea (ca. 750 vor Christus) diese Vorstellung:

> „An jenem Tag – Spruch des Herrn – wirst du zu mir sagen:
> Mein Mann!, und nicht mehr: Mein Baal! [...] Ich traue dich
> mir an auf ewig, ich traue dich mir an um den Brautpreis von
> Gerechtigkeit und Recht, von Liebe und Erbarmen, [...] um
> den Brautpreis meiner Treue." (Hos 2,18.21f.)

Der Prophet Jeremia (um 600 vor Christus) übernimmt das Bild
vom Ehebund: „Wie eine Frau ihres Freundes wegen treulos wird,
so seid ihr mir treulos geworden, ihr vom Haus Israel" (Jer 3,20).
Wir finden es wenig später bei Ezechiel im Gleichnis von dem auf-
gefundenen Waisenkind, das sich ganz Jahwe verdankt, ihn dann
betrügt und zur treulosen Gattin wird (vgl. Ez 16). All diese Ver-
gleiche lassen die kostbare Intimität erkennen, die Jahwe der Beziehung zu seinem Volk zudenkt.

Im Lied vom „Weinberg" (Jes 5) wird die Ehe zwischen Jahwe
und seinem Volk weiter ausgedeutet. Der Aspekt ihrer zeitlichen
Dauer zeigt sich. Das Volk ist nicht nur irgendwann punktuell erwählt, sondern gelangt in Jahwes beständiges Eigentum; das Volk
wird zu seinem Erbbesitz.

> „Hilf deinem Volk und segne dein Erbe." (Ps 28,9)
> „Wohl dem Volk, dessen Gott der Herr ist,

40　Quelle für die nachfolgend wiedergegebenen Gedanken ist EDMOND JACOB, *Théologie de l'Ancien Testament*, Neuchâtel 1955, 163–170.
41　Ebd., 164.

die Nation, die er sich als Erbteil erwählt hat." (Ps 33,12)

Freilich fehlt dem Erben der Geist der Treue, wie schon Jeremia be-
klagte. Das Volk ist oft aufmüpfig. Jahwe muss um seinen Besitz
ringen, um ihn für sich zu erhalten. Er droht und klagt:

> „Ich verlasse mein Haus, ich verstoße mein Erbteil." (Jer 12,7)
> „Mein Erbteil wandte sich gegen mich wie ein Löwe im Wald."
> (Jer 12,8)

Es ist augenfällig, dass solche Rufe Gottes keine bloß historische
Reminiszenz an vergangene Phasen der Heilsgeschichte sind. Der
Herr Jesus selbst musste sie aufgreifen und weinte über Jerusalem
(vgl. Lk 19,41). Zur Glaubensverdunstung in unseren Tagen bedarf
es keines Aufweises; dem Interessierten genügen Umfragen und
Statistiken.

In Jahwes Selbstenthüllung

Die geforderte Bundesbindung des Volkes Israel an Jahwe wird häu-
fig mit dem Begriff „Gehorsam" erfasst. Doch stärker noch drückt
sie die Idee von „Zugehörigkeit" aus. Jahwe ist Eigentümer. Und in
seiner Verklammerung mit dem Volk steckt für ihn ein eklatantes
Risiko; denn jeder Makel der Vasallen färbt ab auf ihren Souverän.
Dennoch versagt Jahwe es sich, das einmal geknüpfte Band zu lösen.
 So bleibt dem Volk Israel unter den Nationen der Erde eine un-
messbare Würde erhalten. Nur zwei extreme Vertrauensbeweise sei-
en genannt. Jahwe offenbart der versprengten Flüchtlings-Schar am
Sinai seinen Namen. Er gibt sich ihr in gewisser Weise preis. Denn
den Namen zu kennen, meinte auch, ihn anrufen zu können und
dadurch einen gewissen Zugriff auf den Benannten zu haben. Er
war somit ein kostbarer Schatz, gewährte er dem Volk doch Jahwes
Nähe und Beistand. Es betet:

> „Er stillt mein Verlangen; er leitet mich auf rechten Pfaden,
> treu seinem Namen." (Ps 23,3)

Die Heiden kennen diesen Namen nicht. Israel hält ihn jedoch nicht vor ihnen verborgen, fühlt sich vielmehr sogar verpflichtet, ihn bekannt zu machen.

> „Dankt dem Herrn! Ruft seinen Namen an! Macht unter den Völkern seine Taten bekannt! Singt und spielt ihm, sinnt nach über all seine Wunder!" (Ps 105,1f.)

Jahwes Erwählung zeichnet somit Israel mit kaum übersetzbarem Widerschein seiner eigenen Größe und Macht aus. Dann und wann lässt der Allmächtige sein Volk die Wucht solcher Göttlichkeit spüren. KABOT ist dieses qualifizierende Kriterium seiner vertrauenden Nähe – in der griechischen Version übersetzt mit DOXA. Sie ist untrennbar von Gottes besonderer „Heiligkeit" und seinem geistigen Wirken, von der Kundgabe seines „Namens", von der Zuwendung seines „Antlitzes". Sie überfällt den Menschen und fragt nicht nach seiner Zustimmung. Dieser hingegen wird durch sie in die gebotene „Achtungsstellung" (H. U. von Balthasar) gebracht. KABOT ist im AT zur vollkommensten Aussage der Gotteswirklichkeit geworden. Darum obliegt dem erwählten Volk das DOXAZEIN – Jahwe die Ehre erweisen. Jahwe zeigt sich „heilig" vor denen, die ihm nahe sind und will ob seiner großen Taten mit Gesängen gepriesen werden. Der Durchzug durch das Rote Meer nach der Rettung aus Ägypten schließt mit den Worten:

> „Damals sang Mose mit den Israeliten Jahwe dieses Lied; sie sangen: Ich singe dem Herrn ein Lied; denn er ist hoch und erhaben, Rosse und Wagen warf er ins Meer." (Ex 15,1)

Zum Ruhm seiner Größe

Erinnerung an Erwählung und Rettung hinderte Israel, egozentrisch um sich zu kreisen. Jahwes Taten wurden wieder und wieder benannt und im Bewusstsein gehalten. Man erinnerte sich seiner; er wurde gefeiert. Jeder Alltag des frommen Juden war durchdrungen von Impulsen, Jahwes zu gedenken. Immer neu pries die gewohnte Frömmigkeitspraxis den Befreier, den Anker der Erwählung und allen Heils. Beim Aufwachen und Ankleiden, zur Mahlzeit und

beim Trinkspruch, bei Sonnenuntergang zum Schlafenlegen wand-
te sich der Hebräer Jahwe betend zu. Ferner sind uns verschiedene
klassische Gebete zu besonderen Umständen überliefert: das *Kad-
disch*, das Gott lobt als Schöpfer der Welt; das *Schemà* Israel, das
die Einzigkeit Jahwes proklamiert; die *Beracha*, die für die Erwählung dankt; die *Schmone-Esre*, die den Gott der Väter verherrlicht
sowie andere. Das Volk wurde und blieb theozentrisch katechisiert.
Freude und Drangsal verdichteten dann seine Gott-Zugewandtheit
durch Emotionen.

> „Darum halte ich Ausschau nach dir im Heiligtum, um deine
> Macht und Herrlichkeit zu sehen. Denn deine Huld ist besser
> als das Leben, darum preisen dich meine Lippen." (Ps 63,3)

Oft vollzieht sich solche Apotheose im Kult. Das dortige Sprachgeschehen macht sie real. Der Gesang, in dem die Gemeinde Ehre und
Größe Gottes lobt, erneuert dessen Attribute für die Lobpreisenden.
In den Augen der Gemeinde erscheint sie als seine psycho-physi-
sche Stärkung. Doch Jahwe kann sie – wie in diesem Psalm – auch
dem einzelnen Israeliten kundtun. Der Erwählungsgedanke greift
von der Gemeinschaft auf ihre Glieder über. Dann berührt Jahwe
nicht nur das Gesamt-Volk; sein Heilstun bestimmt gleichfalls das
individuell-persönliche Gottesverhältnis. So verbreitet sich auf zwei
Ebenen das Bewusstsein von Jahwes aktiver Nähe, und Vertrauen
und Glaube vertiefen sich.

Kaum zählbar sind im Ersten Testament die Hinweise und Sze-
nen auf religiöse Festlichkeiten. Durchgängig benennen sie zunächst Jahwes KABOD:

> „Hoheit und Pracht sind vor seinem Angesicht; Macht und
> Glanz in seinem Heiligtum."

Dann folgt als unmittelbare Konsequenz im Psalm die Aufforderung

> „Bringt dar dem Herrn, ihr Stämme der Völker, bringt dar
> dem Herrn Lob und Ehre!" (Ps 96,7)

Dieselbe Reziprozität von Jahwes Bekundung seiner Majestät und
der Ehrfurchtsbezeugung Israels zeigt auch Psalm 29. Einleitend
fordert er die „Gottessöhne" auf, Gott Ehre und Stärke zu geben.
Gottes Handeln in Geschichte und Welt erwächst aus seinem Wesen. Obwohl Jahwe Macht und Ehre schon unverkürzt besitzt, haben die Erwählten sie ihm im Bekenntnis ohne Unterlass zu erweisen. Solche Bekundung richtet sich gegen menschliches Vergessen
und erwirkt Jahwes Wohlwollen.

Der besondere Auftrag

Gewiss soll Israel zunächst sein eigenes Dasein und Schicksal auf
Jahwe hin durchsichtig machen. Und obwohl sein Alltag und seine
Geschichte Jahwe andauernd benennen, muss er selbst doch ständig
Propheten berufen, damit die Erwählten sich seiner erinnern. Doch
Jahwes Heilswille gilt nicht nur Israel. Auch andere Völker sollen
sich ihm zuwenden. Naturkräfte, Katastrophen und individuelle In-
tuition wecken in Israels Umfeld eine transzendente Ahnung. Sie
kann durch Israels Vermittlung zur Annäherung an Jahwe führen.
So soll es also seiner Mitwelt zum Zeichen und Boten werden. Es
hat Glaube und Hoffnung Jahwe gegenüber auszulösen und Jahwes
Verherrlichung über die eigenen Grenzen hinaus zu verbreiten:

> „Gepriesen sei sein herrlicher Name in alle Ewigkeit! Seine
> Herrschaft erfülle die ganze Erde!" (Ps 72,19)

Wuchtig formuliert der Prophet Jesaia:

> „Ich kenne ihre Taten und ihre Gedanken, und ich komme,
> um die Völker aller Sprachen zusammenzurufen, und sie
> werden kommen und meine Herrlichkeit sehen. Ich stel-
> le bei ihnen (sc. in Israel) ein Zeichen auf und schicke von
> ihnen einige, die entronnen sind, zu den übrigen Völkern:
> nach Tarschisch, Pul und Lud, Meschech und Rosch [...]. Sie
> sollen meine Herrlichkeit unter den Völkern verkünden." (Jes
> 66,18f.)

Selbstverschlossenheit missversteht prinzipiell alle Erwählung durch Gott. Begnadung meint immer auch Sendung. Zunehmend offenbart Jahwe seinem Volk Israel die Spitze seines unfassbaren Auftrags: Mit Existenz und Geschichte soll es unter den Völkern der Erde eine Welle der Anerkennung Jahwes und der Verehrung seiner Größe auslösen.

Älteste Spuren

Schon mit Abraham, dem Ersterwählten und Stammvater aller Glaubenden, hatte Jahwes besondere Zuwendung zu Menschen und Völkern begonnen. Und die Segensgeschichte „für alle Geschlechter der Erde" nimmt in Mose gleich seinen Lauf. Sofort zeigt sich: Jahwes überragende Geltung überschreitet alle völkischen Grenzen. Als Zentralfigur des Pentateuch berichtet er seinem Schwiegervater Jitro von Gottes Großtaten in Ägypten. Und der Priester versichert – obwohl nicht selbst aus Ägypten befreit – Gottes unbegrenzten Anspruch: „Gepriesen sei Jahwe, der euch aus der Hand der Ägypter und des Pharao gerettet hat. Jetzt weiß ich: Jahwe ist größer als alle Götter" (Ex 18,10f.). Ähnlich bekennt Naaman der Syrer nach seiner Heilung dem Propheten Elischa gegenüber: „Jetzt weiß ich, dass es nirgends auf der Erde einen Gott gibt außer in Israel" (2 Kön 5,15). Jahwes universale Souveränität tritt hervor. Demnach sondert sich dann Israel auch nicht nationalistisch ab, sondern nimmt Fremde und Ausländer auf in die eigenen Reihen. Die Dirne Rahab, die den Kundschaftern für Jericho große Dienste tat, ist dafür ein schriftgemäßes Zeugnis (vgl. Jos 2,8-13). Auch die Moabiterin Rut wird zum erwählten Volk zugelassen (vgl. Rut 1,16).

Mit der Öffnung Israels für andere Völker vertieft sich die Einsicht, Jahwe hat dies Volk zu seinem Repräsentanten bestimmt. Es hat die ehrenvolle Pflicht, für ihn unter den Nationen Zeuge und Anwalt zu sein. Für den Kenner des Alten Testaments ist es der feste Glaube des auserwählten Volkes, dass sich der eine wahre Gott gerade durch Israel offenbart. Dies Volk ist unter den Menschen sein unverzichtbarer Zeuge. Die Auserwählten haben den Auftrag, unter den Nationen Jahwes Wesen und Wirklichkeit zu bekunden und zu verbreiten. Dies ist Israels normative Bestimmung.[42]

Im Gesang der Psalmen tritt zutage, dass mit solchem Wissen um Jahwe auch außerhalb Israels dessen Anerkennung und Verehrung erreicht werden soll; eine Ahnung von Gott zu haben, schließt Hinwendung zu ihm und sein Lobpreis ein.

> „Ihr Völker alle, klatscht in die Hände; jauchzt Gott zu mit lautem Jubel!" (Ps 47,2) – „Preist unsern Gott, ihr Völker; lasst laut sein Lob erschallen!" (Ps 66,8) – „Alle Könige müssen ihm huldigen, alle Völker ihm dienen." (Ps 72,11)

„Israel" im Deuterojesaia

Die wichtigste alttestamentliche Bekundung von Jahwes universaler Heilsinitiative steht beim Propheten Jesaia. Er stellt machtvoll Jahwe als den einzigen Retter der Menschheit heraus. Bibelspezialisten erkennen solche Offenbarung vor allem im 2. Teil des Jesaia-Buches (Kap. 40ff.). Dieser Mann durchlebt mit dem erwählten Volk dessen schwärzesten Zusammenbruch: die vernichtende Deportation nach Babylon (ab 586 vor Christus). Zeitgleich mit ihm hinterlassen andere Boten Jahwes ein düsteres Echo. Für sie soll das Exil zur geistlichen Erneuerung werden. Der Prophet Ezechiel etwa beschwört die Vertriebenen, sich Jahwe wieder mit ungeteiltem Herzen zuzuwenden: „Kehrt um, und wendet euch ab von all euren Vergehen!" (Ez 18,30)

als Zeuge Jahwes

Der Deuterojesaia liest das Unheil auch als Chance: Das alte Heilsangebot Jahwes müsse wieder bewusst werden – und zwar betreffe es nicht nur Israel, sondern alle Menschen. Denn nicht allein Israel gälte Jahwes erlösende Zuwendung. Der Prophet versichert, Gottes Wort bringe sich geschichtsmächtig ein gerade gegen Israels bedrängende Not und seinen drohenden Untergang; der Gott Israels

---

42   Zum Ganzen siehe ECKHARD J. SCHNABEL, *Israel, The People of God, and the Nations*, in: Journal of Evangelical Theological Society 45/1 (2002) 35–57, bes. 39f.

habe ja die Welt erschaffen, er sei der Einzige, er würde – wie schon gegenüber den Ägyptern – auch diesmal einen neuen Exodus schaffen. Und mit seinem starken Arm wirkt Jahwe nicht nur für und in Israel. Er lenkt das Schicksal aller Nationen. Der Bote bezieht ausdrücklich auch die anderen Völker der Erde ein in Jahwes Heilswillen. Selbst wenn fremde Herrscher – wie Kyrus (vgl. Jes 45ff.) oder Nebukadnezar (vgl. 2 Kön 17,24) – in das Weltgeschehen eingriffen, täten sie es unter der Dominanz Jahwes. Darum ist der Gott Israels weltweit auszurufen als der Herrscher über alle Widrigkeiten und ihre Götter. Jesaia gibt dem Glauben an Jahwes Universalismus einen neuen, starken Impuls.

Gleichzeitig tritt eindeutiger zutage, dass aus diesem Grunde der Prophet und die Erwählten über Israel hinaus der Weltgeschichte Zeugnis zu geben haben. Die Nationen jenseits der eigenen Volksgrenzen können ihnen nicht gleichgültig sein. Israel ist das „Licht der Welt, die ohne sie im Dunkeln verdirbt." Ein Bibel-Spezialist urteilt: „Was wir sagen können, dass der Deuterojesaia und seine Schüler den Grund für die Idee legten, Israel hätte eine Sendung für die Rettung der Menschheit."[43]

Darum verkündet Jahwe selbst durch seinen Propheten:

> „Wendet euch mir zu und lasst euch erretten,
> ihr Menschen aus den fernsten Ländern der Erde;
> denn ich bin Gott und sonst niemand.
> Ich habe bei mir selbst geschworen
> und mein Mund hat die Wahrheit gesprochen,
> es ist ein unwiderrufliches Wort:
> Vor mir wird jedes Knie sich beugen,
> und jede Zunge wird bei mir schwören:
> Nur beim Herrn – sagt man von mir –
> gibt es Rettung und Schutz" (Jes 45,22-24).

---

43   JOSEPH BLENKINSOPP, *Isaiah 40–55*, New York 2002, 115ff., hier: 116.

für SEINE Universalität

Der große Alttestamentler Gerhard von Rad ist einzelnen Spuren nachgegangen, die beim Deuterojesaia diese besondere Sendung Jahwes für Israel erkennen lassen.[44] Sie wenigstens kurz zu vermerken, erhellt das In- und Zueinander von Gott und Glaubensgemeinde – für Israel wie für das neue Volk Gottes. Dieser Kenner verweist zunächst auf den Glaubensblick des Sehers Jesaia. Für Jesaia folgt Weltgeschichte nicht nur ihrer politischen Gesetzmäßigkeit. Sie unterliegt genauso dem Wink des Allherrschers, ja sie steht für ihn – den Mann Gottes – zu dem schon früher von Jahwe proklamierten Wort in einem „Korrespondenzverhältnis" (256). Entsprechend der Unwandelbarkeit dieser Botschaft wird sich in den Ereignissen der Geschichte das Gott-Sein Gottes immer kundtun. Von Rad benennt die Verse:

> „Sieh her, ich hebe die Hand in Richtung der Völker, ich errichte für die Nationen ein Zeichen und sie bringen auf ihren Armen deine Söhne herbei und tragen deine Töchter auf ihren Schultern. Könige werden deine Kinder pflegen und Fürstinnen ihre Ammen sein. [...] Dann wirst du erkennen, dass ich der Herr bin und dass keiner beschämt wird, der auf mich hofft." (Jes 49,22ff.)

Jesaia weiß ferner darum, dass Jahwes Wort sich auszeichnet, schöpferisch und effizient zu sein. Die Götzen der Völker sind nur „Nichtse". Der Bote Jahwes hingegen kann in der Geschichte aufzeigen: Was die Männer Jahwes weissagten, beginnt jetzt sich zu erfüllen.

In solcher Argumentation hat der Prophet fortwährend die Heiden im Blick. Alles ist dargestellt unter dem Gesichtspunkt der Auswirkung, die Jahwes Heilstaten für Israel auf dessen politische Umwelt haben wird. Die fremden Völker können erleben, wie durch Jahwes Wirken in der Geschichte die Zerstreuten des Gottesvolkes neuen Mut schöpfen. Sie kehren zum Berg Zion zurück, weil sie von der Größe und Herrlichkeit des Gottes Israels überführt sind (vgl. Jes 45,24; 49,22f.) Demnach wird Jahwes Tun an Israel zum

---

44   Vgl. GERHARD VON RAD, *Theologie des Alten Testaments II*, München 1961, 252–263.

Katalysator für andere Nationen. Wenn Jahwe sein Werk an Israel ausgerichtet hat, dann wird sich bei den Völkern eine universale Götzendämmerung ereignen; denn die andern Völker werden der Ohnmacht ihrer eigenen Götter inne (vgl. Jes 41,11; 42,17; 45,24). Den Heiden gehen die Augen auf. Sie werden sich Israel zuwenden mit dem Bekenntnis: „Nur bei dir ist Gott und nirgends sonst, keine Gottheit außerdem"; „nur bei Jahwe ist Heil und Stärke", „fürwahr, du bist ein verborgener Gott, du Gott Israels" (Jes 45,14f.24). Selbst ihre Führer können der Einsicht nicht länger widerstehen: „Könige werden es sehen und sich erheben, Fürsten werfen sich nieder" (Jes 49,7).

stark nur in IHM

Die erdumspannende Sicht des Propheten verliert nicht aus den Augen, dass Jahwes erwähltes Volk weder national mächtig noch von verlässlicher Treue ist. Gott hat sich in Israel für einen schwachen Repräsentanten entschieden. In soziologischer wie politischer Perspektive ist seine Wahl weder klug noch Erfolg versprechend. Musste sich nicht der Prophet im Namen Jahwes fortwährend über Israels Missachtung Jahwes beschweren? War dem höchsten Gott dieses Volk nicht eine Plage?

> „Jakob, du hast mich nicht gerufen, Israel, du hast dir mir keine Mühe gemacht. Du brachtet mir keine Lämmer als Brandopfer dar und mit Schlachtopfern hast du mich nicht geehrt." (Jes 43,22f.)

Und niemand sollte spekulieren, dieser Erwähler hätte halt ein kurzes Gedächtnis – altersschwach und ein wenig senil. Nein, er kennt Israel genau. Er macht sich keinerlei Illusionen über Israels Geradheit:

> „Wer ist so blind wie mein Knecht und so taub wie der Bote, den ich sende? Wer ist so blind wie mein Vertrauter und so taub wie der Knecht des Herrn? Vieles sieht er, aber er beachtet es nicht; die Ohren hat er offen und hört doch nicht." (Jes 42,19f.)

Dennoch hält Jahwe an Israel fest; lässt nicht ab, mit seinem Plan auf dies Volk zu setzen.

„Denn ich wusste, dass du treulos sein wirst, man nennt dich ‚abtrünnig vom Mutterleib an'. Doch um meines Namens willen halte ich meinen Zorn lange zurück, um meiner Ehre willen bezähme ich mich, um dich nicht vernichten zu müssen." (Jes 48,8f.)

Denn alles erbärmliche Versagen zählt nicht. Der anstehende Dienst kann nämlich ohnehin nicht durch das Engagement sterblicher Menschen und gesellschaftlicher Gruppen gelingen. Für seine Durchführung bedarf es stärkere Kräfte: Jahwe selbst muss seine Autorität einsetzen. Darum stellt denn auch der Deuterojesaia gleich zu Anfang heraus: Die Rettungsinitiative geht von ihm selbst aus; „Ich habe dich berufen, ich fasse dich bei der Hand." (Jes 42,6) Und wenig später: die Versicherung seiner alles überragenden Macht:

„Ich bin der Erste, ich bin der Letzte, außer mir gibt es keinen Gott. Wer ist mir gleich? Er soll sich melden, er tue es mir kund und beweise es mir. [...] Ihr seid meine Zeugen: Gibt es einen Gott außer mir?" (Jes 44,6ff.)

Es ist der Glaubensblick des Propheten, der so argumentiert; ohne die Hinwendung zu Jahwe wird Israels Rettung misslingen. Und der Prophet muss diesen Glauben wachrufen. Israel fehlen ja geistige Reife und religiöser Wirklichkeitssinn; es ist „blind und taub" (Jes 43,8). Freilich zeigt sich andererseits genau aus diesem Grunde die Paradoxie von Gottes rettendem Tun: Die „Blinden und Tauben" sind es, die als Jahwes Repräsentanten taugen, weil sie in ihrem Unvermögen Jahwes Einschreiten unabweislich machen.

„Ich selbst bringe euch das Heil, es ist nicht mehr fern; meine Hilfe verzögert sich nicht. Ich bringe Hilfe für Zion und verleihe Israel meine strahlende Pracht." (Jes 46,13)

Zum Abschluss dieses Jesaia-Buches formuliert Jahwe nochmals durch den Propheten seine unbegrenzte Herrschaft und die Omnipotenz seines Wortes.

„Denn wie der Regen und der Schnee vom Himmel fällt und nicht dorthin zurückkehrt, sondern die Erde tränkt und sie zum Keimen und Sprossen bringt, wie er dem Sämann Samen gibt und Brot zum Essen, so ist es auch mit dem Wort, das meinen Mund verlässt: Es kehrt nicht leer zu mir zurück, sondern bewirkt, was ich will und erreicht all das, wozu ich es gesandt habe." (Jes 55,10f.)

SEIN „Demonstrationsobjekt"

Das Volk bleibt also trotz all seiner Armseligkeit an seine unfassbare Verpflichtung gebunden. Allerdings kann es erkennen, in dem Auftrag nicht alleingelassen zu sein. Die Geschichte macht Jahwes Beistand evident und bestätigt sein Heilswerk. Sofern Israel sich nur erinnert, wird es Gottes Großtaten nicht bestreiten und Mut fassen. Dies Volk wurde ja durch Jahwe aus Ägypten befreit; es war Zeuge seiner großen Wunder. Nun erlebt es neu einen Exodus aus der babylonischen Gefangenschaft, der wie schon nach der damaligen Befreiung wieder Jahwes Macht bekundet.

All das ist geschehen, weil Jahwe Israel zu seinem Anwalt und Partner machen will. Wer sonst sollte ihn unter den Menschen bekannt machen?

„Ich habe dir den Gürtel angelegt, ohne dass du mich kanntest, damit man vom Aufgang der Sonne bis zu ihrem Untergang erkennt, dass es außer mir keinen Gott gibt." (Jes 45,5)

Eine fiktive Gerichtsszene wird den Beweis liefern; der Prozess muss Jahwe selbst, aber auch Israel vor den Völkern recht geben.

„Alle Völker sollen sich versammeln, die Nationen sollen zusammenkommen. Wer von ihnen kündigt dies an und wer kann uns sagen, was früher war? Sie sollen ihre Zeugen stellen – Spruch des Herrn – und auch mein Knecht, den ich erwählte, damit ihr erkennt und mir glaubt und einseht, dass ich es bin." (Jes 43,8-13)

Recht gesehen kann also Israel nicht umhin, in seinem Selbstverständnis als Träger der Bestimmung Jahwes hinter den Auftragge-
ber zurückzutreten. Wohl bleibt es Mittler. Doch gelten seine Erwählung und Sendung nur sekundär diesem Volk als solchem. Es
ist vielmehr „auserwählt", um Jahwe in Welt und Geschichte zu repräsentieren und zu bezeugen. Bibel-Spezialisten schränken darum
Israels Eigengewicht entschieden ein; sie heben seine Verweisfunk-
tion hervor und nennen Israel „Jahwes Demonstrationsobjekt"[45].

---

45   So etwa Hans-Jürgen Hermisson, Art. *Gottesknecht*, URL: https://www.bibelwissen-
      schaft.de/wibilex/das-bibellexikon/lexikon/sachwort/anzeigen/details/gottesknecht/
      ch/a2f87e8008163d964b0d0319a5230068/ (Stand:14.08.2020).

IV. Zum Sinn von Kirche: auf Gott verweisen

Auf Gott verweisen

Die vatikanische Konstitution *Über die göttliche Offenbarung* setzte an beim Alten Testament (vgl. DV 3). *Nostra aetate* vom 28. Oktober 1965 suchte dann auch einen konkreten Schritt zur Annäherung der Kirche an das Judentum (vgl. Art. 4). Diese Erklärung versuchte einen Schlussstrich zu ziehen unter alle Diskreditierung und die Verfolgung dieser Religion durch uns Christen. Sie konstatiert: In geoffenbartem Glauben für irgendeine Form von Antisemitismus Gründe zu finden, erweist sich nicht nur als fundamentaler Irrtum; der Trugschluss könnte auch wieder zu mörderischem Hass und zu neuer grauenhafter Schuld verführen.

Israel und die Christen

Das Konzil hat eine neue Perspektive eröffnet und erste Initiativen geweckt oder bestätigt: Die „Vatikanische Kommission für die religiösen Beziehungen zum Judentum" geht inzwischen auf der Ebene der Weltkirche theologischen und strukturellen Fragen nach. In Deutschland erbrachten „Gesprächskreise" und eine bischöfliche Unterkommission neue Kontakte. Als Plattform menschlicher Begegnung existiert schon seit Mitte vergangenen Jahrhunderts die *Woche der Brüderlichkeit.* Das Verhältnis zwischen Judentum und katholischer Kirche wird von Kennern inzwischen als „belastbar und krisensicher" bezeichnet.

Wenn auch nicht zu leugnen ist, dass beim Zueinander der beiden Religionen auf Seiten der Juden wie der Christen nach wie vor komplexe Fragen im Raum stehen. Das zeigte sich etwa in den Äußerungen, mit denen ein Dokument über die Beziehungen der Kirche zum Judentum aus dem Jahr 2015 von Joseph Ratzinger/ Benedikt XVI. kommentiert wurde. Nach anfänglichen, teils heftig

vorgebrachten Einwänden konnten dann im Briefwechsel des Papstes mit Wiens Oberrabbiner Arie Folger manche Missverständnisse
ausgeräumt werden; und eine erfreuliche gedanklich Annäherung
gelang.[46] Wir Christen haben uns eben zunehmend darauf einzulassen, dass die Juden „unsere älteren Brüder" (Johannes Paul II.)
sind. Es ist gut, dass formelle Treffen und wissenschaftliche Unter-
suchungen die gegenseitige Kenntnis vertiefen. Noch Wirksameres
aber geschieht, wenn unter Christen das Alte Testament als geistliche Nahrung neue Beachtung findet – wie manche spirituelle Auf-
brüche in der katholischen Kirche dartun[47].

Unwandelbarer Auftrag

Über bessere Einzelkenntnis und spirituelle Impulse hinaus hat
uns das Erste Testament vor allem zu Grundkategorien unseres
Christseins Wichtiges zu sagen – nicht zuletzt zu dem Zentralbe-
griff, um den alles Christsein sich heute dreht: die Kirche. „Kirche"
beginnt eben nicht erst mit dem „Neuen Bund". Ihre Wurzeln reichen weit hinter Christi Geburt zurück in die Vergangenheit. Gestützt auf den Kirchenlehrer Augustinus setzte sich die Auffassung
durch, sie beginne gar mit Abel, dem Gerechten.[48] Stärker als kor-
rekte Zeitmaße nötigt uns Gottes Offenbarung selbst zum Hören
auf die vorchristliche Heilsgeschichte. Für uns Christen ist demnach unsere Glaubensgemeinschaft verpflichtend auch vom Alten
Testament geprägt. Unsere Kirche hat das Erbe des auserwählten
Volkes angetreten, ohne dieses zu verdrängen.

In den Fußstapfen Israels wurde somit auch der gegenwärtigen
Kirche das unfassliche Amt zuteil, mit dem Jahwe Israel beauftragt
hatte. Diese Schlussfolgerung meint für uns Christen: In der Fülle
gesellschaftlicher Sozialgebilde und unterschiedlicher Religionen
gilt uns weiter Gottes huldvoller Blick. Wann immer wir singen:

---

46   Dokumentiert in: BENEDETTO XVI, *Ebrei e Cristiani*, a cura di E. Guerriero, Milano 2019;
      Deutsch: JOSEPH RATZINGER/BENEDIKT XVI., *Gnade und Berufung ohne Reue. Anmer-
      kungen zum Traktat „De Iuadeis"*, in: Communio 47 (2018) 387–406 und 611–617).
47   Etwa in den verschiedenen Lebensgemeinschaften und Gebetsgruppen der *Charisma-
      tischen Gemeinde-Erneuerung*, beim *Weg des Neukatechumenats*, der *Gemeinschaft der Se-
      ligpreisungen*, der Gemeinschaft Mariens *Focolare* oder im *Regnum Christi*
48   So z. B. der *Katechismus der Katholischen Kirche*, Nr. 769.

„Oh Seligkeit, getauft zu sein, in Christus eingesenket" – dann darf bei uns Dankbarkeit für die gleiche beglückende Begnadung mitschwingen, von der die Psalmen des Volkes Israel künden.

Eine zweite Weisung, die das Alte Testament uns heutiger Kirche gibt, zeigt die Relevanz dieser Sendung. Wenn es erlaubt ist, Gottes Absichten auszuforschen, dann mag uns die Bibel einen überraschenden Fingerzeig geben: Jahwe denkt auch an sich selbst, als er sich liebend der Kirche zuneigt – ist doch er allein die unversiegbare Quelle allen Heils (vgl. Mk 10,18). Wie schon Israel soll die Kirche ihn im Kreis der Nationen aufweisen; sie soll sein „Demonstrationsobjekt" sein – wie es Fachexegeten ausgedrückt haben.

Ein aufmerksamer Christ mag wohl ohnehin in den Evangelien Jesu beispiellose Vater-Bindung entdeckt haben; in seiner fortdauernden Benennung wird Jesus gleichsam auf den Vater hin durchsichtig; so ist er selbst der beste Sachwalter des Vaters im Jüngerkreis und lehrt die Seinen fortwährend, Anwälte des Vaters in der Welt sein. Er artikuliert in solcher Theozentrik neu, was – wie dargestellt – der Deuterojesaia für Israel im Blick hatte: unter den Nationen auf Gottes Größe und Heilswillens zu verweisen. Damit liegt der Grund und Sinn des Alten und Neuen Gottes-Volkes auf der Hand: Beiden obliegt die Pflicht, Gottes Existenz, seine Macht und seinen Heilswillen in der Menschheit bewusst zu halten. Gott wollte und will Israel sowie die Kirche vor allem, damit er selbst nicht vergessen wird.

Gegenprobe

Die einzigartige Sendung Israels und die der Kirche muss demnach in ihrer Anwaltschaft für Gott festgemacht werden. Damit wird dieser Aspekt an der Glaubensgemeinschaft zu einem Datum höchster Brisanz. Madeleine Delbrêl, die französische Sozialarbeiterin, deren Seligsprechung inzwischen auf den Weg gebracht wurde, hatte – wie im obigen Zitat angeführt – schon Mitte vergangenen Jahrhunderts Gottes „Ausschluss" aus unserer Gesellschaft vermerkt. Weitsichtige Hirten der Kirche registrierten mehrfach eine moderne Gott-Vergessenheit. Ein angeführter evangelischer Professor der Theologie, Peter Stuhlmacher, forderte erst jüngst die Vitalisierung des unverkürzten biblischen Gottesbildes ein.

Fraglos kann die Kirche bei ihrer Selbstverteidigung nicht darauf verzichten, ihre weltlichen Leistungen zu präsentieren. Fatal wäre es allerdings, würde sie sich aus diesem Grunde in irdischen Analysen und Zielen vergraben sowie Heil und Erlösung für sich und andere in Selbstbeschäftigung (im klassischen Griechisch: OMPHALOSKEPSIS – „Nabelschau") suchen. Sie kapselt sich auf diese Weise ekklesiozentrisch gegen Gott ab. Als Gottes „Demonstrationsobjekt" verlöre sie ihren Sinn. Wollten das Israel des Ersten oder auch das Israel des Neuen Bundes den spezifischen Auftrag zum Verweis auf Gott missachten und ganz auf Selbstsicherung setzen, wäre ihr eigenes Dasein letztlich verzichtbar.

Die Kirche kann ihren doppelten transzendenten Nexus nicht abstreifen. Einmal ist Gott selbst ihr Stifter; zum andern hat er sie erwählt, damit sie IHN bewusst hält. Und sollten die Berufenen selbst dieses Band vergessen – die Feinde des Glaubens übersehen es nicht. Davon mag – *e contrario* – eine Art von „Gegenprobe" überzeugen. Benedikt XVI. hat sie in Auschwitz-Birkenau (28.05.2006) angesprochen.

Ausgeschlossen muss der Versuch bleiben, das Drama des Besuches eines deutschen Papstes am Ort dieses Nazi-Vernichtungslagers zu erfassen: Erschütterung über die Macht des Bösen und des Hasses, Scham, Schmerz und Bußfertigkeit verbanden den Nachfolger Petri unstreitig mit all seinen Landsleuten und vielen anderen Zeitgenossen. Doch seine Rede sagte mehr. Er unternahm es, auf dies finsterste Dunkel deutscher Geschichte das Licht des Glaubens zu richten. Er hob die Bestellung Israels zum Sachwalter Jahwes ins Wort; dass die Shoah mehr als nur die Juden vernichten wollte.

„Die Machthaber des Dritten Reiches wollten das jüdische Volk als Ganzes zertreten, es von der Landkarte der Menschheit tilgen. [...] Im Tiefsten wollten jene Gewalttäter mit dem Austilgen dieses Volkes den Gott töten, der Abraham berufen, der am Sinai gesprochen und dort die bleibend gültigen Maße des Menschseins aufgerichtet hat. Wenn dieses Volk einfach durch sein Dasein Zeugnis von dem Gott ist, der zum Menschen gesprochen hat und ihn in Verantwortung nimmt, so sollte dieser Gott endlich tot sein und die Herrschaft nur noch dem Menschen gehören – ihnen selbst, die sich für die Starken halten, die es verstanden hatten, die Welt an sich zu reißen. Mit dem Zerstören Israels, mit der Shoah, sollte im Letzten auch die Wurzel ausgerissen werden, auf der der christliche Glaube beruht und endgültig durch den neuen, selbstgemachten Glauben an die Herrschaft des Menschen, des Starken, ersetzt werden."

In solcher Erläuterung geißelt der Papst mit vielen andern das abscheuliche Verbrechen. Doch sein Glaubensblick trifft des Weiteren die unleugbare Wahrheit aller Heilsgeschichte: Gottes Erwählte sind in Gesellschaft und Geschichte der Hinweis auf IHN. Der Hass der Welt gilt nicht nur ihnen, sondern Gott selbst.

Gott als Du

Anfang des vergangenen Jahrhunderts entstand unter protestantischen Theologen die sog. „dialektische Theologie". Sie wollte das Verhältnis zwischen Christentum und weltlicher Welt neu bestimmen. Sie gründete in der Erkenntnis, dass der Offenbarungsglaube die Selbständigkeit des Menschen und seine Entscheidungsfreiheit gegenüber dem Kosmos überhaupt erst möglich gemacht hatte. Einer ihrer Initiatoren war Friedrich Gogarten. Er publizierte 1921 ein Buch mit dem programmatischen Titel *Die religiöse Entscheidung*. Weil – wie etwa das Werk des berühmten Harnack *Das Wesen des Christentums* von 1900 gezeigt hatte – Religion und Kultur *de facto* untrennbar vermischt wurden, hatte sich Religion bis zur Unkenntlichkeit verweltlicht. Der Theologe suchte eine Korrektur und glaubte, das Ereignis des Glaubens außerhalb der entstandenen undurchdringlichen Verwicklung verorten zu müssen. Seine richtungweisenden Texte wollen folglich die Illusion demaskieren, Familie, Statt und Gesellschaft könnten als solche verchristlicht werden. Dazu dient ihm, das zu denken und zu vollziehen, was „Säkularisierung" genannt wird. Säkularisierung sollte sicherstellen, dass Kultur sich von Christlichkeit und dass andererseits christli-

cher Lebensstil von der profanen Welt emanzipiert. Die Befreiung
der Welt, die nur Welt sein darf, ist gleichzeitig Befreiung des Glaubens von der Welt. Die „Autonomie der Welt" wurde proklamiert,
aber auch der „Säkularismus" als neue Heilslehre.
Damit sollte die „Aufklärung" zu Ende gedacht werden. Schon
im 18. Jahrhundert kursierten in Europa ihre Autoren und Thesen.
Doch ihr Gedankengut fand sich noch vornämlich bei intellektuellen Minoritäten. Im 19. Jahrhundert wurde dann der „Säkularismus" zur Massenbewegung, wie es dann der oben schon genannte
Charles Taylor beschrieb. Und es blieb unbeachtet, was die auch
erwähnten Erkenntnisse der „Wissenssoziologie" über Unterschiedlichkeit von Sinnprovinzen und ihre Verwiesenheit aufeinander später lehrten. Die logische Folge: Allerorts verkümmerte der Sinn für
Transzendenz; Glaubensabfall und Gottesverfinsterung mehrten
sich.
    Allein, der Säkularismus vermochte das Kind „Religion" nicht
mit dem Bade auszuschütten. Philosophen jenseits des angespro-
chenen „Mainstreams" halten fest: „Die Sinngesetze und Erlebnis-
formen des Religiösen bleiben auch in der Welt bestehen, die sich
der Mensch nach dem Glaubensabfall errichtet." Weil der Mensch
für seinen Lebensweg nach Orientierung sucht, verschreibt er nach
dem Wegfall der Transzendenz seine „Gläubigkeit" allerdings anderen Parametern. Er wählt Empirisch-Greifbares. So können ihm
diesseitige Idole zu Leitsternen werden – mögen sie zum Reich der
Wissenschaft, der Dichtung oder der Musik gehören.[49]
    Oder die Dominanz der Welt macht sich an Gerechtigkeit, Frie-
de und Bewahrung der Schöpfung fest. Diese sind ja durchaus auch
auf Gottes Wort und seinen Willen rückführbar. Mit Ökologie als
Lebensmaxime sehen sich Christen im Gefälle ihrer aktuellen gesellschaftlichen Nützlichkeit auf dem rechten Weg. Sie freuen sich
über die gewonnene Bestätigung und setzen auf sie. Sie wollen keine ungeliebten Relikte von gestern sein.
    Doch letztendlich brachte solch immanente Daseins-Verkürzung
über unser Christsein eine traurige Verarmung: Sie macht das Got-
tesbild zum Torso. Denn sie reduziert Gott und seine Hinneigung

---

49   Zu diesem geistgeschichtlichen Prozess vgl. GIACOMO MARRAMAO, Art. *Säkularisierung*,
        in: HWPh 8 (1992) 1133–1161, hier: 1143f.

zum Menschen gegen den Wortlaut der Schrift auf gesichtslose Faktizität. Von der geoffenbarten Botschaft bleiben lediglich sachliche Daten. Die humane Dimension des Offenbarungsgeschehens wird geopfert. Wer aber Gottes Wort auf seinen Sachkern zurückstuft, übersieht dessen dialogischen-personalen Charakter; ihm eröffnet die Offenbarung nicht länger eine Ich-Du-Beziehung. Solche Deutungsweisen mögen für Gesellschaftssysteme und Wertediskussionen dienlich sein. Doch sie können keinesfalls unser Herz erreichen – ebenso wenig wie ein mathematischer Wechsel vom Zehner- zum Zweiersystem oder die Entdeckung eines neuen Planeten. Wer das Christentum als Ordnungsschema liest, entstellt dessen biblisches Bild und verbreitet maximal einen sterilen Deismus.

Erschwernisse

Andere lassen dramatische Heimsuchungen oder himmelschreiendes Unrecht nach Gott fragen. Besorgte Kirchenmänner und -frauen schlossen gleich aus, dass CORONA irgendetwas mit dem Allmächtigen zu tun hätte – ohne freilich ihre These zu legitimieren. Das Problem der „Theodizee" ist nämlich zu komplex, als dass man es mit Behauptungen eingrenzen könnte. Wieder nötigt es zum Blick des Glaubens. Dieser aber kann – wie es versucht wird – für „Auschwitz" nicht Gott verantwortlich machen. Die Shoah zeigt stattdessen die Freiheit von uns Menschen, die Macht des Teufels und auch, zu welcher Sünde wir fähig sind.

Pandemien

Genauso wenig sollte aus verwirrenden Katastrophen auf Gottes Ohnmacht gegenüber den sog. „Chaosmächten" geschlossen werden – als ob er sie allein nicht bewältigen könnte, sondern zum Eindämmen unsere menschliche Hilfe brauche (die Theologin Dorothee Sölle). Oder – wie andere heute Covid 19 kommentieren – die Geschichte lehre, Gott könne „nicht allmächtig" sein (der Soziologe Hans Joas). Die Logik solcher Vordenker mag vielleicht beeindrucken. Doch ihre Schlussfolgerungen bleiben unhaltbar. Sie sind

menschliche Gedankenkonstrukte, nicht aber von Gottes eigenem
Wort getragen. Ihm nehmen sie die Allmacht, wie die Glaubenden
sie im *Credo* bekennen.

Und sie sind nicht gedeckt von Gottes Offenbarung. Die Herausforderung des Glaubens durch das Leid in der Welt beginnt ja keineswegs mit der Pandemie. Sie begegnet schon im Alten Testament.
Das Buch Ijob stellt sich dieser Verdunklung unserer Gottesvorstel-
lung. Machtvoll widerspricht es jeder Ohnmachts-Unterstellung
Gott gegenüber, stellt vielmehr seine Stärke und Allgewallt heraus.

> „Wenn er einreißt, baut keiner wieder auf,
> wen er einschließt, dem wird nicht mehr geöffnet.
> Wenn er die Wasser dämmt, versiegen sie,
> lässt er sie frei, zerwühlen sie das Land.
> Bei ihm ist Macht und Klugheit,
> sein ist, wer irrt und wer irreführt." (Ijob 12,14-16)

Wohl bewältigt die Bibel nicht unsere quälende Misere. Aber sie
lehrt uns unser Unvermögen, Gottes Pläne zu durchschauen. Es ist
uns Menschen versagt, Einblick zu nehmen in Gottes Absicht bei
der Weltlenkung und bei seiner Zuteilung von Glück und Unglück,
von Freud und Leid. Gewiss steht es uns zu, vor ihm zu fragen und
zu klagen – aber nicht, ihn zur Rechenschaft zu ziehen. Nicht nur
Ijob haderte mit dem Allmächtigen, auch der heilige Augustinus litt
an Not und Elend in der Menschheitsgeschichte. Ihm war es einer-
seits nicht möglich, Gott als teilnahmslos gegenüber den Leidenden
zu denken oder nur machtlos. Er quälte sich, eine Antwort zu finden. Ihm gab sie der Glaube. Er hielt die kosmische Distanz zwischen Schöpfer und Geschöpf fest und formulierte den Satz: „Wenn
du ihn verstehst, dann ist er nicht Gott."[50] Menschliche Erfahrung
und theologische Einsicht hatten ihn gelehrt: Wir Menschen stehen
nicht mit Gott auf gleicher Augenhöhe. Wir können ihn weder immer begreifen und noch viel weniger ihn richten.

Dass Gottes Größe uns alle überragt, versichert seine eigene,
untrügliche Offenbarung. In einem neutestamentlichen Text, der

---

50   Augustinus: „Si comprendis, non est Deus." (Sermo 52,16; PL 38,360).

als urchristliches „Ordinationsbekenntnis" gilt, wird Gott bezeichnet als

> „der selige und einzige Herrscher [...]
> der allein die Unsterblichkeit besitzt,
> der in unzugänglichem Licht wohnt,
> den kein Mensch je gesehen hat." (1 Tim 6,15f.)

Die zitierte Gottesbeschreibung ist wohl ein stilisierter liturgischer Lobpreis. Nach ihm ist Gott der allem menschlichen Zugriff entrückte, unumschränkte Herrscher; er bleibt ungebunden und handelt in voller Freiheit. Alle unsere diesseitigen Kategorien hingegen sind begrenzt und bleiben ihm untergeordnet. Wohl möchten wir Menschen den Allmächtigen in unsere Vorstellungen einpassen. Doch er selbst sagt dem Glaubenden: Ich überrage deine irdische Sicht; denn ich bin jenseitig und weltüberlegen.

Ein maß-loser Anspruch

Und dennoch sollen wir ihn lieben – trotz des Abgrunds, der ihn von uns trennt. Ihn zu liebe, hat den Rang des Hauptgebots, dem alle Offenbarung dient. Schon das Alte Testament sagt es vor Hunderten von Jahren höchst detailliert:

> „Höre, Israel! Jahwe, unser Gott, Jahwe ist einzig. Darum sollst du den Herrn, deinen Gott, lieben mit ganzem Herzen, mit ganzer Seele und mit ganzer Kraft. Diese Worte, auf die ich dich heute verpflichte, sollen auf deinem Herzen geschrieben stehen. Du sollst sie deinen Söhnen wiederholen. Du sollst von ihnen reden, wenn du zu Hause sitzt und wenn du auf der Straße gehst, wenn du dich schlafen legst und wenn du aufstehst. Du sollst sie als Zeichen um das Handgelenk binden. Sie sollen zum Schmuck auf deiner Stirn werden. Du sollst sie auf die Türpfosten deines Hauses und in deine Stadttore schreiben." (Dtn 6,4-9)

Konkreter und nachdrücklicher kann ein Gebot wohl kaum einge-
schärft werden; in allen Einzelheiten wird es am Alltags-Leben festgemacht. Und Tag für Tag rufen es fromme Gebets-Gewohnheiten
jedem Israeliten in Erinnerung.

So übernimmt es Jesus Christus abstrichslos für die Seinen. Der
Evangelist Markus überliefert es (vgl. Mk 12,28-34). Auch die anderen Synoptiker verzeichnen es mehrfach. Allerdings ist es kein
christliches Verkehrsgesetz, das zu halten wir gezwungen wären,
nolens-volens sozusagen; das gar wie eine Drohung über uns hinge.
„Aus ganzem Herzen, mit ganzer Seele und mit ganzer Kraft" meint
mehr als Paragrafen-Befolgung. Jesus deutet Gottesliebe durch und
durch elementar, personal und blutvoll. Nach dem „Hohen Lied" der
Bibel selbst sprengt Liebe den Verstand und das Wissen dramatisch
mit den Kräften von Gefühl und Gemüt. Sie ist Befreiung des Ichs
zur Hingabe und zielt auf Ewigkeit. Freilich gelingt ihre Reifung
nur durch die von Gott zugeeignete AGAPE, die den egoistischen
Zug in der irdischen Liebe überwindet und zu Hingabe und Opfer
bereit macht.[51]

Immer muss der Betrachter eines gerühmten Kunstwerks einen
gewissen Sinn für Schönheit mitbringen, damit sie ihm in Andrei
Rubljows *Trinität* oder Leonardo da Vincis *Mona Lisa* aufgeht. So
ist auch ein Minimum von natürlicher Ahnung der Seelenkraft
„Liebe" die Bedingung dafür, Gottes Aufforderung zu entsprechen;
menschliche Apathie bleibt taub auch für Gottes Liebes-Gebot. Es
sind Begegnungen mit andern, die unsere Liebesfähigkeit wecken.
Wenn etwa eine Mutter durch Tage und Wochen ihr Kind liebkost
hat und es irgendwann selbst zurücklächelt. Ihr Glück ist groß;
denn sie hat sich nach solcher Antwort gesehnt. Wir zweifeln nicht,
dass uns auch an menschlicher Liebe Göttliches aufgehen kann;
dass Gott sogar – selbst wenn es vermessen klingt – auf Menschen-
weise durch beglückende Zuwendungen unsere Liebe zu ihm gewinnen will. Er nutzt die vielen Geschehnisse unserer Geschichte,
um uns auf ihn hin zu öffnen.

---

51   Der wichtige und überaus dichte Text zur Liebe von Papst Benedikt XVI. – *Gott ist die*
      Liebe (25.12.2005) – kann hier nicht referiert, muss aber erwähnt werden.

Denn „... er hat uns zuerst geliebt" (1 Joh 4,19)

Der Abenteurer Gottes, Sankt Augustinus, ist ein glaubhafter Zeuge von Gottes hartnäckigem Lock-Ruf. Bekannt ist sein Wort: „Unruhig ist unser Herz, bis es ruht in dir."[52] Doch nicht Mutter Natur hat diesen Hunger geweckt. Augustinus bekennt nach seiner wahrhaft turbulenten Wegsuche, Gott habe den inständigen Hunger nach ihm selbst „mit starker Stimme seinem inneren Ohr eigegeben". Durch Gott selbst werde „ein geschaffenes Wesen in so reiner Liebe mit dem wahrhaftigen und wahrhaft ewigen Gott innig verbunden". Darum mündet Augustins Rückblick in ein Gebet: „Nach dir sehnt sich meine Pilgerfahrt; und ich sage zu dem, der uns gemacht hat, dass Er auch mich aufnehme, da Er auch mich gemacht hat. Ich bin wie ein verirrtes und verlorenes Schaf, aber auf den Schultern meines Hirten, meines Erbarmers, hoffe ich zu dir zurückgebracht zu werden."[53]

Vorgängig zu solcher Liebes-Antwort des Einzelmenschen ist demnach Gottes Anruf. Er erging unüberbietbar in seinem Bund und im Liebeserweis seines Sohnes. Durch solche Offenbarung gedeutet, können auch andere erlebte Guttaten von uns Menschen als die Seinen erkannt werden. Gottes Wort nimmt userm Leben dann die Oberflächlichkeit; als sei es belanglos, zufällig oder gar sinnlos. So erleuchtet, mag die Seele im Glauben antworten: „Mir geschehe, wie du gesagt hast" (Lk 1,38). In Maria von Nazareth kulminiert schließlich der Einbruch von Gottes Liebe in die Finsternis der Nichtliebe. Ihr begegnet das Vollmaß von Gottes Liebeseinladung. Mit ihr kann Gott seine Eroberung beginnen und auch unser liebendes Ja hervorrufen. Christus hat keine Bücher geschrieben. Das Buch *über* ihn „muss den *Vorgang* zwischen ihm und dem in der Liebe begegneten, angeredeten, erlösten Menschen betreffen. Der Ort, von wo aus die Liebe bezeugt werden kann, [...] kann nur dort sein, wo die Sache sich befindet, nämlich im Drama der Liebe selbst"[54].

In Jesus Christus vollzieht sich dieses Drama einzigartig und unwiederholbar vor unseren Augen. Er tritt zunächst als Lehrer ins

---

52   AUGUSTINUS, *Confessiones* I,1.
53   Ebd., XII,15.
54   HANS URS VON BALTHASAR, *Glaubhaft ist nur Liebe*, Einsiedeln 1963, 49–65, hier: 53f.

Licht der Öffentlichkeit; er „lehrt wie einer, der Vollmacht hat, nicht wie die Schriftgelehrten" (Mt 7,29). Seine Worte sind getragen von ihrer Authentizität. Dann führt ihn sein Weg hin zum Kreuz. Sucht man seine Passion auf irgendeine Weise als bedauerlichen „Unfall" zu verstehen, so wird seine Botschaft – beginnend schon vor der „Bergpredigt" – unverständlich; sie verliert von diesem seinem irdischen Ende alle Zweideutigkeit. Immer unverhüllter zeigt er seinen Abstieg zur Selbsthingabe: für die „Freunde" (Joh 15,13), für „die vielen" (Mt 10,28), als Opferspeise für alle: „Das Brot, das ich geben werde, ist mein Fleisch. Ich gebe es hin für das Leben der Welt" (Joh 6,51).

In dieser Lebens-Hingabe weiß Jesus sich gesandt. Nicht fanatische Exaltation treibt ihn. Er deutet seine Selbstopferung mit fast klaglosen Worten: Der Gehorsam gegen den Vater führt ihn. Dessen unzerstörbare Liebe zu den Menschen hat er Ausdruck zu geben. In Jesu Kreuzestod verherrlicht der Vater seinen Namen (vgl. Joh 12,28). Das innere Liebesgeheimnis Gottes (vgl. 1 Joh 4,9) tritt in einer Weise ans Licht, die uns Menschen paradox erscheinen muss: Nicht nur, dass Gott uns in einem Menschen begegnet, sondern auch, dass er sich kundgibt im empörendsten Widerspruchszeichen. Ohne solchen göttlichen Selbstverzicht je auszuloten zu können, sollen wir seiner beim Brotbrechen gedenken, „bis dass er wiederkommt" (1 Kor 11,26).

Denn wahrlich, bislang Undenkbares hat sich ereignet: der „Glutgrund der göttlichen Liebe" (H. U. von Balthasar) wurde geöffnet. Jesu Kreuzestod und seine Gott-Verlassenheit zeigt uns die schreckliche Sünde unserer eigenen Gott-Widrigkeit und die aller Menschen; unser „Ich-will-nicht-dienen". Dann können wir angesichts dieses sterbenden Jesus und seines Schicksals nicht einfach mit den Schultern zucken. Solch lieblose Gleichgültigkeit würde bloß unser böses Herz enthüllen. Wer ihn aber nicht liebt, den trifft selbst die von Jesus am Kreuz durchlittene Gottverlassenheit, da ihn Jesu Liebestat kaltlässt.

So entscheidet sich an der Liebe zu ihm unser ewige Los: Gnade oder Gericht.

Und wer die Abgründe des Hasses, der Verzweiflung und der Verworfenheit unter Menschen nicht verdrängt, der wird sich auch nicht damit begnügen, nur sein eigenes kleines Ich aus der Schlinge ziehen zu wollen – unter Zurücklassung all der andern. Jeder Heilsegoismus ist irrig. Wenn Gott „die Welt so sehr geliebt hat, dass er seinen einzigen Sohn hingab" (Joh 3,16), wird der von Gott Geliebte sich nicht allein, sondern sich eben zusammen mit seinen Mitgeschöpfen retten wollen. Er wird, gestützt auf Christi definitiven Sieg, nicht resignieren. Der Völker-Apostel hat solches Christsein gelebt und gelehrt. „Ich bin überzeugt, dass die Leiden der gegenwärtigen Zeit nichts bedeuten im Vergleich zu der Herrlichkeit, die an uns offenbar werden soll", schreibt er den Christen in Rom (Röm 8,18). Paulus hat wie wenige Glaubende Bedrängnis und Verfolgung durchgemacht; Schreckliches und Böses wurden ihm wahrlich nicht erspart. Dennoch wird all das Leid durch die Aussicht auf das Kommende nicht nur vergolten. Die DOXA Gottes macht es zu Schatten. Weil Christi Jünger teilhaben werden an Gottes dreifaltiger Seligkeit, verliert alles frühere Unheil sein Gewicht. Gott-Ergebene dürfen darum „neue Kraft schöpfen, sie bekommen Flügel wie Adler" (Jes 40,31).

Frédéric Ozanam († 1853)

Ein utopischer Trost für Weltfremde? Nein; es gibt Christen, die uns auf diesem Weg vorangegangen sind. Etwa der selige Frédéric Ozanam. Man zählt ihn zur intellektuellen Elite im Frankreich des 19. Jahrhunderts. Schon als Student der Sorbonne zu Paris setzt er sich mutig und öffentlich mit atheistischen Strömungen und ihren Professoren auseinander. Sein Sozialengagement macht ihn zum Gründer der *Konferenzen des heiligen Vinzenz von Paul*, die bis heute weltweit zu Tausenden Gottes Nächstenliebe weitergeben. Politisch mischt er sich ein in die Französische Revolution von 1848 und kandidiert später für die Nationalversammlung. Er ist also alles andere als ein weltfremder Bigotter oder blauäugiger Kleingeist.

1853 nahte seine letzte Stunde. Ein Priester spendete ihm die kirchlichen Sakramente. Dann versuchte er dem Sterbenden Mut zuzusprechen zu dem Schritt, mit dem sich gemeinhin bei uns Menschen die „Todesangst" verbinden: Frédéric brauche den Herrn nicht zu fürchten. Er darauf: „Warum sollte ich ihn fürchten? Ich liebe ihn doch so sehr."[55] 1997 wurde er von Papst Johannes Paul II. beim 12. Weltjugendtag in Paris seliggesprochen.

Gott liebt und möchte geliebt werden

Unsere privat-persönliche Beziehung zu Gott ist mehr als sachliche Gehorsamsabhängigkeit – wie sie die Kommandos auf dem Exerzierplatz oder die Furcht vor Polizeistrafen fordern. Sie will den „Glutgrund" unserer Seele bewegen. Wohl misslingt uns Glaubenden im Daseinskampf immer wieder ein vollmenschlich-gnadenhaftes Lieben Gottes in Worten und Taten. Darum erübrigt es sich nicht, dass wir uns seine Liebe ständig neu sagen lassen; dass wir uns Gottes Zuneigung wieder und wieder betend öffnen. Dass es uns nie zum Gemeinplatz wird: Er selbst sucht unsere Freundschaft! Er schämt sich nicht, bei seinen armseligen Geschöpfen um diese Liebe zu werben. Schon das Alte Testament offenbart: sein Wohlwollen ist stärker als sein Gerechtigkeitssinn. Seine Güte bringt es denn auch nicht über das Herz, das treulose Ephraim zu strafen.

„Sooft ich ihm auch Vorwürfe mache,
muss ich doch immer wieder an ihn denken.
Deshalb schlägt mir das Herz für ihn,
und ich muss mich seiner erbarmen –
Spruch des Herrn." (Jer 31,10)

Kostbare Bibelverse

Schon lange vor diesem Eingeständnis Jahwes bei Jeremia hatte Hosea im Nordreich zu „Liebe" und „Gotteserkenntnis" (Hos 6,6) aufgerufen. Sie machen die Mitte aller Frömmigkeit aus, die aber durch Veräußerlichung verwässert wird. Im Wirkungsraum dieses Propheten haben synkretistische Missbräuche durch kanaanäisches Heidentum zu Glaubens-Abfall und gesellschaftlichem Unrecht geführt. Die Führungsschicht trägt die Hauptschuld. Doch auch das

55   MADELEINE DES RIVIÈRES, *Federico Ozanam*, Milano 1997, 186.

Volk ist verblendet und verdient Jahwes Strafe. So interveniert der Bote Gottes mit scharfen Drohungen. Dennoch ist Hosea der erste Beauftragte Jahwes, der dessen Zuwendung zum Menschen als „Lieben" kennzeichnet (3,1; 11,1; 14,5).

Während seine Zeitgenossen eifrig die politischen Schäden reparieren und sozial-gesellschaftliche Sicherheit zu schaffen versuchen, zeigt dieser Mann die schuldhaften Gründe für die Bedrängnisse Israels auf: Es habe zu seinem großen Schaden eine bestimmte Form des Wissens von Gott verloren. „Man könnte wohl auch sagen: das Bekenntnis zu Jahwe ist Israel abhandengekommen."[56] Hosea durchschaut: Bei all den politischen Gefahren und gesellschaftlichen Nöten Israels, die es bedrängen und quälen, ist nicht ein unpersönliches Schicksal am Werk. Jahwe bleibt ja zweifelsohne der Herr der Geschichte. Er ist es, der allen Gesetzesbruch ahndet.

Trotzdem hält er sein Heil weiter bereit für sein Volk; unbeschadet der verdienten Strafe sinnt er auf Rettung. Die Spannung zwischen Gerechtigkeit und Liebe stammt für Hosea aus Jahwes Mitte, aus seinem Herzen. Und in seiner Sensibilität wird der Prophet selbst in das Pathos Gottes einbezogen. Gewiss: Gott ist „der ganz andere". Dennoch ist er den Seinen nicht fern; er kann sich ihnen als ein Du nahen. Jahwes Prophet wagt eine Aussage, deren Kühnheit im Mund eines Menschen ohne Beispiel ist.

> „Wie könnte ich dich preisgeben, Efraim,
> wie dich aufgeben, Israel?
> Wie könnte ich dich preisgeben wie Adma,
> dich behandeln wie Zebojim?
> Mein Herz wendet sich gegen mich,
> mein Mitleid lodert auf.
> Ich will meinen glühenden Zorn nicht vollstrecken
> und Efraim nicht noch einmal vernichten.
> Denn ich bin Gott, nicht ein Mensch,
> der Heilige in deiner Mitte.
> Darum komme ich nicht in der Hitze des Zorns."
> (Hos 11,8f.)

---

56   VON RAD, *Theologie des Alten Testaments II*, 153.

Gott entblößt sein Herz. Er liebt Israel, und diese seine Liebe hat ihn bewogen, Israel aus allen Nationen und Geschlechtern herauszugreifen. Der Lateiner nennt das Lieben „diligere"; es hat demnach zu tun mit „wählen, auswählen" und meint, in eine personale Beziehung zu treten. „Affection" – wie die Franzosen sagen würden – ist weiter im Spiel: eine Macht, mit der mich jemand gewaltsam von mir wegzieht. Darum scheint Gott zu leiden, wenn er verschmäht wird. In seinem Schwanken zwischen Erbarmen und Bestrafung siegt dann letztlich seine Liebe. Nicht jedoch die Liebe, wie wir sie von uns Menschen kennen. Der Apostel Paulus lehrt uns, dass die in Gottes Heilsgeschichte bezeugte Liebe anderen, übermenschlichen Maßstäben genügt (vgl. 1 Kor 13). Gottes Liebe hat Göttlichkeit; sie gründet in einer Tiefe, die Geschöpfliches überragt. Jesus Christus hat ihren „Glutgrund" offenbar gemacht.[57]

Es ist somit der Neue Bund, der die Dimension von Gottes Liebe ganz entschlüsselt. Ein einziger Vers mag in unserm Kontext vermerken, wie feinfühlig Gott auf uns wartet und wie teuer seine Liebe uns deshalb sein muss. Die geheime Offenbarung des Johannes hält ihn fest.

Der betreffende Abschnitt richtet sich an die Gemeinde von Laodizea und beginnt mit einer auffallenden Selbstbezeichnung Jesu: Es spricht der, „der ‚Amen' heißt" – einer Versicherung lauterster Wahrhaftigkeit. Dann wählt der Text ungewöhnliche Attribute, mit denen der „Amen" sich selbst kennzeichnet – „der treue und zuverlässige Zeuge, der Anfang der Schöpfung Gottes". Die Worte formulieren neu seine Verlässlichkeit und überragende Größe. Angesichts solch grandioser Perspektive und der Ausmaße solcher Zusage muss der Schluss der Briefzeilen dann überraschen: Nun spricht der Herr, als ob er seine Göttlichkeit und Allgewalt vergessen hätte. Er neigt sich herab und wird zum – fast schüchtern – werbenden Liebhaber.

---

57   In seiner genialen Synthese von Gottes Offenbarung „Glaubhaft ist nur Liebe" kommt
      H. U. von Balthasar zu dem Schluss, dass „das menschliche Herz sich selbst erst versteht, wenn es vorweg die ihm zugewendete Liebe des göttlichen Herzens, das für uns
      am Kreuz bricht, erblickt hat" (von Balthasar, *Glaubhaft ist nur Liebe*, 100).

„Ich stehe vor der Tür und klopfe an. Wer meine Stimme hört und die Tür öffnet, bei dem werde ich eintreten und wir werden Mahl halten, ich mit ihm und er mit mir." (Offb 3,20) Jesus beteuert mit solchen Worten seine sensible Zuwendung zum Glaubenden. Feinfühlig möchte er ihn gewinnen. Um etwas von der mitschwingenden Intimität zu empfinden, ist bei dieser Mahl-Einladung das Glück und die Hochstimmung eines jüdischen Banketts wach zu rufen. Auch bleibt zu beachten: Innerhalb der frohen Gemeinschaft der Feiernden ist der Christ in seiner individuell-personalen Einmaligkeit und Sehnsucht bedacht. Ausdrücklich wird eine Ich-Du-Beziehung zwischen dem Herrn und jedem der Seinen benannt. Sie sichert jedem, der sich einlässt, Bejahung und Geborgenheit zu.

Glaubens-Gehorsam hat somit keinerlei privativen Charakter. Der Gott-Zugewandte weiß sich durch die Kenntnis von Gottes Willen nicht begrenzt und in seiner Freiheit beraubt. Ein Liebender möchte doch immer wissen, was den Geliebten erfreut. Die Erwählten erkennen sogar Jahwes besondere Gunst darin, dass er ihnen seinen Willen mitteilte. Darum hat denn auch für Israel die Kenntnis von Jahwes Gesetzes allen negativen Beigeschmack verloren – weil die Erwählten ihn wiederlieben möchten. Sie haben den Psalm 119 geschaffen, der in 176 einzelnen Versen Gottes Gesetz immer neu lobt und bejubelt; es ist der bei Weitem längste Psalm überhaupt. Solche Theozentrik macht dann Gottes Weisung nur noch sekundär an ihrem irdischen Nutzen und ihrer gesellschaftlichen Relevanz fest: an Ökologie und Wertediskussion, an Gerechtigkeit und Sozialordnung, an Familien- und Lebensfragen – so zutreffend es ist, ihr in all den Problembereichen einen Ort einzuräumen.

Der Christ als Mystiker

Wie nur wenigen theologischen Lehrern gelang es Karl Rahner im vergangenen Jahrhundert, das Christentum im Verständnishorizont unserer Tage zu lesen und so manchen Aspekten des Glaubens neue Leuchtkraft zu gegeben. Er steht sicher bei niemandem in Verdacht, die Erdhaftigkeit von Mensch- und Christsein zu verkennen.

Auch Verfechter kirchenkritischer oder säkularistischer Vorstöße
berufen sich heute auf ihn, um für die Kirche das Weltengagement
dominant zu machen und ihr mit der „Sektenkeule" zu drohen. Wer
jedoch sein Denken nicht entstellt, sondern tiefer gräbt in seinem
Wort und Wollen, der kann bei dem Vorkämpfer der Inkarnationstheologie auf seine beeindruckende Theozentrik stoßen.

Gleich nach dem Zweiten Vatikanischen Konzil publizierte er
einen Aufsatz über *Frömmigkeit heute und morgen*[58]. Obschon inzwischen mehr als 50 Jahre ins Land gingen, sind seine Überlegungen
immer noch von Belang. Ja die Fragen, die er zum Echo des Vaticanum II im Volke Gottes stellt, sind überraschend aktuell – nicht nur
wegen der Turbulenzen im Gefolge des Pädophilie-Skandals. Schon
das Konzil durfte sich für Rahner nämlich nicht beschränken auf
„die Verbesserung des gesellschaftlichen ‚Image' der Kirche, die
Mehrung des kirchlichen Sozialprestiges, ein Wachsen von Freiheit
und Demokratie im Verwaltungsapparat der Kirche und von Tole-
ranz nach außen, eine bessere Figur im Konzert der menschenbe-
glückenden Mächte"[59]. Stattdessen bestand der Jesuitenpater auch
weiter auf die gängige Alltagsfrömmigkeit; sie habe immer noch
ihre Berechtigung. Und er benennt sie in seiner bekannten Überzeugungskraft.

Anschließend formuliert der Autor seine These vom Fundament
eines gelingenden Christenlebens:

> „Das Erste und Wesentliche, was auch die Frömmigkeit von
> morgen bestimmen muss, ist das persönliche, unmittelbare
> Gottesverhältnis."

Schon damals fiel Rahner auf, solche Forderung sei keineswegs eine
Selbstverständlichkeit. Wir lebten schließlich in einer Zeit, die das
Fernsein Gottes proklamiere; in der Zeit eines Atheismus, der gewiss nicht einfach nur aus einem bösen Herzen und dessen Rebelli-
on erwachse; in einer Zeit, in der Gott nicht mehr brauchbar zu sein
scheine, um die Löcher zu stopfen, die wir in der Unzulänglichkeit
unseres Daseins entdecken.[60]

58   In: Karl Rahner, *Schriften zur Theologie VII*, Zürich 1966, 11–31.
59   Ebd., 12.
60   Ebd., 19f.

Dieser bis in unsere Tage unverkennbaren Herausforderung des nackten Glaubens sei nun keineswegs entgegenzutreten mit theologischen Bildungsangeboten. Es bedürfe vielmehr der Vermittlung von Erfahrung, einer Mystagogie, in der das absolute Geheimnis, das wir „Gott" nennen, den Christen ergreife.[61] Dann schreibt Rahner einen seiner programmatischen Sätze – der allerdings häufiger zitiert als für die Pastoral beachtet wird:

„Der Fromme von morgen wird ein ‚Mystiker' sein, einer, der etwas ‚erfahren' hat, oder er wird nicht mehr sein."[62]

Pater Karl Rahner ist sich bewusst, dass der Begriff „Mystik" eine Fülle von unterschiedlichen Sinndeutungen hat. Darum unterlässt er es nicht, Mystik mit der Benennung Jesu von Nazareth christlich zu konturieren: Er macht sie mit Blick auf Christi Geburt an der Selbstmitteilung Gottes im Ersten und Zweiten Testament fest:

„Wer ist gekommen? Der im Alten das Neue wirken will, denn das Alte ist noch da."[63]

Christliche Mystik, wie Rahner sie versteht, ist demnach nicht unter „Esoterik" abzuhaken; sie ist noch weniger eine Sparte der Schwärmerei oder frommer Exzentrik. Sie ist die bewusste individuelle Vergegenwärtigung des Geschenks der Nähe Gottes in Jesus Christus, wie alter und neuer Bund sie bezeugen. Und sie vertieft den persönlichen Glauben ins Innerste des eigenen Selbst. So verhindert die Mystik, dass sich das Gottes-Geheimnis in Formeln und Abstraktionen verliert. Aus Surrogaten erwächst ja keine Fruchtbarkeit für das Glaubensleben; wer sie kultiviert, lernt nicht zu lieben; er wird ein „Theoretiker Gottes". Mystik kann hingegen durch die Vertiefung

61   Ein schüchterner Versuch mit diesem Ziel ist auch die spirituell-historische Untersuchung PAUL JOSEF CORDES, Spurensicherung. Mystiker bezeugen Gott, Kevelaer 2012.
62   KARL RAHNER, Schriften zur Theologie VII, 22. – In einer späteren Studie kam der Autor wieder auf diese Bestimmung zurück, sprach dann aber nicht mehr von dem „Frommen", sondern generell vom „Christen der Zukunft"; vgl. KARL RAHNER, Zur Theologie und Spiritualität der Pfarrseelsorge, in: DERS., Schriften zur Theologie XIV, Zürich 1980, 161.
63   KARL RAHNER, Weihnachten. Fest der ewigen Jugend, in: RAHNER, Schriften zur Theologie VII, 125–127, hier: 127.

in Gottes Wort mit dem Vater in Christus ein zärtlich-persönliches
Liebesverhältnis aufdecken. Obwohl sie als Gnade die menschlichen Kräfte übersteigt, nimmt sie diese alle in Anspruch.
Immer wieder wurde ins Wort zu bringen versucht, was gelin-
gende Liebe für uns Menschen bereithält. Gegen Ende des 12. Jahrhunderts tat es ein anonymer Dichter. Das Gedicht gilt als ältestes
mittelhochdeutsches Liebeslied und beschreibt, was das liebende
Du dem zueignet, der sich lieben lässt. Der Glaubende mag diese
teuren Worte als von Gott gesprochen hören.

> „Du bist mein, ich bin dein.
> Des sollst du gewiss sein.
> Du bist geschlossen
> in meinem Herzen,
> verloren ist das Schlüsselein:
> Du musst nun immer drinnen sein."

Gibt es eine bewegendere Botschaft in Gottes Offenbarung als die
Zusicherung solcher Liebe? Kann die Kirche etwas Not-wendigeres
tun, als viele Menschen für solche Gottes-Erfahrung zu entzünden?
Heilige Männer und Frauen bezeugen, dass solcher „Glutgrund
Gottes" real ist. Sie ließen sich beschenken vom „wahrhaftigen Zeugen" aus der Offenbarung des Johannes. Sie haben das Klopfen gehört, in Freiheit geöffnet und das Glück gefunden. Einer von ihnen
ist der heilige Bonaventura († 1274). Er schreibt zum Weg der Liebe,
„ganz zu Gott hinüberzugehen":

> „Das ist das Geheimnis aller Geheimnisse, das niemand
> kennt, der es nicht empfangen hat; das keiner empfängt, der
> sich nicht nach ihm sehnt; nach dem sich niemand sehnt,
> den das Feuer des Heiligen Geistes, das Christus auf die Erde
> gebracht hat, nicht bis ins Mark hinein entflammt. Fragst du,
> wie das geschieht, dann frage die Gnade, nicht die Lehre; die
> Sehnsucht, nicht den Verstand; das Stammeln des Gebets,
> nicht das Studium der Lesung; den Bräutigam, nicht den
> Lehrer; Gott, nicht die Menschen; die Glut, nicht die Hellig-
> keit; nicht das Licht, sondern das Feuer, das die Seele ent-

flammt und in ekstatischer Ergriffenheit und in glühender
Gemütsbewegung zu Gott hinüberträgt."[64]

---

64   BONAVENTURA, *Der Weg des Geistes zu Gott*, in: Lektionar zum Deutschen Brevier (Zweite Jahresreihe), Freiburg 1980, 248f.

MICHEL DE CERTEAU ODER GOTTES ENTSTELLTE OFFENBARUNG

Auf der Sinnsuche

Ernsthafte Zeitgenossen bestreiten heute nicht länger, dass es einen Jesus von Nazareth gab. Und seine 2000 Jahre lang verbreitete Botschaft ist durch die westliche Welt bis in deren letzten Winkel gedrungen. Einige Elemente theologischen Wissens sind sogar unverzichtbar für das Vollmaß kultureller Bildung. Demzufolge zählt es in unseren Tagen zum unreflektierten Selbstverständnis nicht weniger Menschen, ein generelles christliches Flair habe sie für ihr Christsein hinreichend ausgerüstet. Darum sind sich auch nicht wenige Kirchenglieder des ausreichenden Glaubenswissens sicher; Belehrung durch den *Katechismus der katholischen Kirche* oder durch theologische Fortbildung erscheint als entbehrlich oder gar als Zumutung.

Aus solcher Selbstgenügsamkeit mögen da und dort Intellektuelle sogar eine zugespitzte Folgerung ziehen. Ihre These lautet dann: Einige Merkpunkte zu Gott und Schöpfung, zu Recht und Unrecht sind jedem von Natur und Kultur mitgegeben. Weil somit schlussendlich unser religiöses Wissen in die Grunddaten der Zivilisation verlagert ist, wird das Feld der biblischen Offenbarung als religiöser Mutterboden verzichtbar. Dann aber fordert eine neue katechetische Maßgabe, statt aus Heiliger Schrift und kirchlicher Lehre aus dem prallen Leben der Welt zu schöpfen. Kirchesein bekomme durch kirchenferne Realität neue und strapazierfähige Dynamik. Es sei die Kraft der gesellschaftlichen Peripherie, die unsere Frömmigkeit entzünde und wachsen lasse.

Wo wird Offenbarung zuteil?

Solch neue Glaubenswurzeln legt etwa ein Artikel der „Festgabe für Dr. Franz-Josef Bode zum 25. Jahrestag seiner Bischofsweihe" vor, den eine Professorin der Universität Osnabrück beisteuert.[1] Für ihre Perspektive beruft sie sich auf das Vaticanum II. „Der neue theologische Erkenntnisprozess, den die Pastoralkonstitution (sc. des Vaticanum II) mit Bezugnahme auf die ‚Zeichen der Zeit' angestoßen hat, wird hier in die Dynamik eines Weges an die Peripherien gestellt, in lebendigem Kontakt mit den Fragen und Herausforderungen der Menschen, dort wo sie leben, lieben und leiden."[2] Des Näheren nutzt die Autorin auch Enzykliken von Papst Franziskus, um – unabhängig von aller bislang verkündeten Heilswahrheit – frische Quellen für den christlichen Glauben auszumachen. Geführt durch die genannten Lehrschreiben, gelangt sie dann zu einer Koryphäe der Wissenschaft, die zwar schon im vorigen Jahrhundert lebte, aber jüngstens – es genügt ein Blick ins Internet – zu neuem Glanz kam. Der Philosophen Michel de Certeau († 1986) avanciert zu ihrem Kronzeugen. Dieser französische Jesuit gab dem Christentum einen machtvollen Impuls, sich vom zentralen Strang der Offenbarung abzukoppeln, um an den Rändern der Gesellschaft dynamische Überzeugungskraft zu suchen. Offenbar sieht M. Eckholt, Ordinaria für katholische Dogmatik, in den beiden Söhnen der *Gesellschaft Jesu* – Papst Bergoglio und de Certeau – Geistesverwandte.

In der Tat schätzt Papst Franziskus seinen Ordensbruder sehr. Dieser hat auf ihn einen starken Eindruck gemacht durch eine detaillierte Hinführung, die de Certeau zu der Autobiografie Pierre Favres beisteuerte.[3] So sieht es u. a. ein jüngster italienischer Versuch zu des Papstes intellektueller Entwicklung. Dort heißt es, in der genannten Einleitung de Certeaus, die praktisch eine Biografie Pierre Favres darstelle, „konnte sich Bergoglio wiedererkennen" und diesem Freund des Ignatius „in der Gegenwart Gewicht zu

---

1   MARGIT ECKHOLT, „*An die Peripherie gehen*" (*Papst Franziskus*). *Gegenwartskulturen als locus theologicus*, in: THEODOR KETTMANN, JOHANNES WÜBBE, *ZeitGeist?! Heutige Lebenswelten als heilsame Provokation für Theologie und Kirche. Festgabe für Bischof Dr. Franz-Josef Bode zum 25. Jahrestag seiner Bischofsweihe*, Regensburg 2016, 75–96.

2   Ebd., 79.

3   MICHEL CERTEAU, *Le „Mémorial" du bienheureux Pierre Favre*, Paris 1960.

geben"[4]. Papst Franziskus erhoffe sich einen vitalen Aufbruch der kirchlichen Sendung in der Kraft dieses Pierre Favre aus der Gründerzeit des Ordens und ebenso der Impulse des genialen de Certeau heute. Dass sich der Interpret für die intellektuelle Entwicklung des Papstes auf de Certeau beruft, kann nicht als abwegige Spekulation gelten: In einem Interview (2015 in Buenos Aires) macht Papst Franziskus sich ausdrücklich de Certeaus Auffassung zu eigen und zitiert dessen Satz: „Eine Theologie antwortet auf die Fragen der Zeit und zwar bedient sie sich immer genau der von ihr verwendeten Begriffe, denn es sind diese, die leben und zu den Menschen einer Gesellschaft sprechen."[5] Gegenüber der französischen Zeitung „La Croix" versicherte der Papst (19.05.2016): „Diese beiden großen französischen Theologen (sc. Henri de Lubac und Michel de Certeau) gefallen mir sehr; zwei Jesuiten, die kreativ sind". Ohne noch weitere Hinweise anzugeben, sei nur Deutschland genannt. Auch diesseits der Alpen ist die Auffassung recht verbreitet, dass Papst Bergoglio auf Certeaus Theologie setzt; wieder reichen Internet-Einträge als Beleg.

Die Autorin des genannten Festschrift-Beitrags ist wohl fasziniert von de Certeau und liest nun beide Jesuiten zusammen. Ihren Verweisen auf die päpstlichen Lehrschreiben soll hier nicht näher nachgegangen werden. Nur dass sie daneben Michel de Certeau so stark herausstellt, muss uns noch beschäftigen. Denn dessen jüngst wieder erwachte Hochschätzung ist nicht nur eine Mode. Er erscheint akademischen Kreisen vielmehr als intellektueller Vorreiter. Sein Offenbarungsverständnis gibt mancher modernen „Glaubensvorstellung" Ausdruck oder prägt sie obendrein.

---

4 MASSIMO BORGHESI, *Jorge Mario Bergoglio. Una biografia intellettuale*, Milano 2017, 234–241.
5 Ebd., 236.

Ein neues Denksystem

Mit Blick auf de Certeau stellt sich gleich zu Anfang Verwunderung
ein: Wie kommt ein Wissenschaftler, den über Jahrzehnte nur die
Spezialisten kannten, zu solch auffälliger neuerlicher Aktualität?[6]
Auch der Osnabrücker Dogmatikerin Margit Eckholt erscheint
er als Entdeckung und wird ihr wichtigster Gewährsmann. Ihm
schreibt sie „eine neue Glaubensanalyse" zu, von der nach dem
„Bruch zwischen Evangelium und Kultur, von Glaube und Leben"
eine „neue Dynamik des Glaubens" ausgehe. Christlichkeit werde
erkennbar als die je neue Suche nach dem Anderen und nähme
Gestalt an auf den Wegen der Welt, im Mich-Binden an die vielen
anderen. Die Offenbarung fände sich ausgestreut in die Pluralität
des gemeinsamen Lebens. In diesem Licht werden der Theologin
„Gegenwartskulturen" zu *loci theologici:* zu Orten der Erkenntnis
Gottes. Die „Zeichen der Zeit" müssten – wie die Pastoralkonstitution des Vaticanum II lehre – gelesen und beachtet werden.

Die beiden theologischen Termini *locus theologicus* und „Zeichen
der Zeit" erfreuen sich in der aktuellen Diskussion wohl großer Be-
liebtheit, werden aber leider nicht immer korrekt verwendet. Dem
theologischen Sinn dieser Metapher ist später noch nachzugehen.
Hier soll zunächst nur gefragt werden: Welches Gedankengebäude
müssen sie diesmal rechtfertigen? In welches theologische System
sollen uns die Zitate de Certeaus führen? Als Garant der Professorin und wegen seiner großen Anhängerschaft nötigt uns dieser
Pater zur Prüfung. Ein Blick ist zu versuchen auf die Inhalte, die er
dem Glauben zuweist nach dem – wie er sagt – totalen „Bruch" der
christlichen Geschichte. Und welche Warnschilder er dadurch für
die Weitergabe dieses Glaubens gibt.

Es war die Studie des Jesuiten von diesem „Bruch", die als ein-
schneidende Weichenstellung für einen Neuanfang theologischen
Denkens gilt: *„La rupture instauratrice."*[7] In einer Nachbemerkung
schreibt der Autor zwar, sein Beitrag beanspruche nicht, die anste-

---

6   Wer würde etwa erwarten, dass ein renommierter laikaler Verlag wie Suhrkamp/Berlin
     sein Werk von 1982 *La fable mystique* im Jahr 2010 – *Mystische Fabel* – übersetzen lässt
     und auf den deutschen Markt bringt?

7   In: *Esprit* Juni 1971, 1177–1214; Referenzen auf sie sind die im laufenden Text angegebe-
     nen Seitenzahlen.

hende Problematik auf einige Themen zu kondensieren oder Lösungen für alle Kritik gegenüber dem Christentum anzubieten. Er
möchte nur darüber informieren, wie das Christentum „denk- und
lebbar ist" (1214). Obschon der Forscher demnach seine Position
nicht verabsolutieren will, gibt ihm momentanes Lebensgefühl eine
erstaunliche Relevanz.

Es waren die Zeitungs-Berichte über ein Priestertreffen (am
11./12.01.1969), die de Certeau sehr beunruhigten. Sie stellten seinen bisherigen theologischen Denkansatz infrage und veränderte
ihn radikal. Er sieht sich genötigt, aus seiner Perplexität den Schluss
zu ziehen: Der Status der Religion ist den öffentlichen Medien ein
Problem, weil Religion sich nicht wissenschaftlich analysieren ließe
(1178) Was Journalisten über das Religiöse schrieben, „mythisiert"
die prüfbaren Elemente. Sie berichteten einseitig und verfälschend
(1180f.) Ein Redakteur behandle religiöses Material eben wie ein
Historiker, Psychoanalytiker oder Soziologe. Demnach erschienen
religiöse Daten als Produkte sozialer, psychologischer oder soziologischer Organisationen (1184). Certeau schließt aus dieser Beobachtung: Soll Religion in der Perspektive moderner Wahrnehmung
einen Ort bekommen, so muss man die „Regionalisation" – wie er
schreibt – religiöser Daten überwinden und sie in wissenschaftliche Kategorien überführen. Linguistik, Soziologie und Psychologie
bieten dem Theologen brauchbare Begriffe an; denn was die Humanwissenschaften bestätigten, würde von den Zeitgenossen angenommen (1185). Jesu Wirken habe seine markante Kraft verloren, als
es in ontologische Sprache eingeschlossen wurde. Wenn wir aber deren schützende Begriffs-Mauern zerstörten, gehe Gott uns voraus.
Die geoffenbarte ontologische Sprache sei – glücklicherweise – verloren in der Unendlichkeit der menschlichen Geschichte. Sie habe –
schreibt unser Autor später – sich in der Menge unsichtbar gemacht,
wie Jesus selbst.

Und noch zu einem Zweiten wäre ein solcher Prozess empiri-
scher Verifizierung der Religion nützlich: „Gleichfalls sind religiöse
individuelle Behauptungen in ihrer Abhängigkeit von psychologi-
schen Strukturen, deren Repräsentationen sie sind, zu analysieren."
Auf diese Weise dürften die Humanwissenschaften die Doppeldeu-
tigkeit des Religiösen aufdecken. Diese Unschärfe diente ja auch

dazu, die Wahrheit und den Sinn einer Sache vorzugeben, in Wirklichkeit aber gestrige sozio-historische Modelle oder psychologische „Mechanismen (Freud)" zu stabilisieren (1185ff.) Im Vergleich mit den sauberen Methoden der ausgewiesenen Wissenschaften müsse die Religion sich jedenfalls ducken, wenn sie nicht vor Scham erröten wolle (1190).

Vorbehalte zur *Ruptur*

Mit seiner *Ruptur* macht sich de Certeau daran, das christliche Erlösungsgeschehen als Naturwissenschaftler zu lesen. Auf diese Weise möchte er die Wahrheit vom ewigen Heil heutigem Denken annehmbar machen. Diese Veränderung seiner Blickrichtung mag zwar die generelle Resonanz der geoffenbarten Botschaft verbessern. Doch wie wirkt sie sich auf deren Inhalt aus; bleibt ihre Integrität erhalten?

Verschatten der Transzendenz

Ein erster Einwand gegen den Versuch, Offenbarung in den Horizont der Humanwissenschaft zu überführen, kommt aus der Soziologie. Der Autor möchte mithilfe dieser Disziplin Religion auf das Messbare zurückstufen; so wählt er sie, kann aber ihren Bestimmungen nicht gerecht werden. Denn er lässt die Kategorien unbeachtet, die sie sich selbst gegeben hat. Die andernorts schon erwähnte Wissenssoziologie etwa hätte ihn in Kenntnis setzen können. Sie konstatiert, dass die Wirklichkeit der Alltagswelt unterschiedliche, umgrenzte Sinn-Zonen mit ihren typischen Begriffen aufweist. Um diese voneinander zu unterscheiden, prägt sie den Begriff der „Sinnprovinz". So kontrastiert etwa der gängige Alltag mit der kindlichen Welt des Spiels oder – wenn der Vorhang sich öffnet – mit der des Theaters; die Sinnwelt des Physikers nutzt andere Worte als die des Mediziners. „Ich kann mittels ihrer (sc. der Sprache) der Erlebnisse aus geschlossenen Sinnprovinzen habhaft werden." Andererseits hat Sprache die Fähigkeit, derartige Enklaven zu übersteigen. Sie kann sogar von der empirischen in eine transzendente

Dimension wechseln. Das Wort verweist dann auf eine neue Welt von Wirklichkeit und schafft Zugang zu ihr.[8] Wenn nun aber der Theologe Certeau die Sprache der Offenbarung in die Kategorien der Empirie presst, beschränkt er sie auf das Messbare und zerstört ihre sprachliche Verweiskraft. Die Alltagswelt wird gleichzeitig säkularisiert, sodass die religiöse Sinnwelt keinen Ort mehr hat.

> „Die moderne Wissenschaft, insbesondere die Naturwissenschaft, macht einen äußersten Schritt in diese Entwicklung zur Säkularisierung und zugleich Durchtheoretisierung ihrer Stützfunktion für die Sinnwelt. Das Alltagsleben ist sowohl seiner geheiligten Legitimation als auch jeder Art von Verständlichkeit beraubt, die es mit der Totalität der symbolischen Sinnwelt verbinden kann."[9]

Mit dem Verzicht auf die Sinnprovinz „Offenbarung" nimmt der Forscher demnach den Alltagsdaten den Inhalt, den sie für die Sinnwelt des Glaubens haben können. Streicht man aber die Verweiskraft von Werktagstun auf das Gnadengeschehen, so wird aus dem Sakrament der Taufe eine Waschung, aus der Eucharistie ein Essen, aus der Beichte eine Therapiestunde und aus der Priesterweihe eine kirchliche In-Dienst-Nahme. Der Kosmos der Wirklichkeit schrumpft zur Eindimensionalität.

Supprimieren des Personalen

Certeau konstatiert beim Menschen heute eine generelle Hinwendung zum historischen Denken. „Deshalb ist es künftig einem Westeuropäer unmöglich, Probleme unserer Zeit in Begriffen religiösen Wissens zu denken." Es müsse darum vermieden werden, das Christentum anzusehen als eine Anzahl von Äußerungen und Vorstellungen, „die ,profunde' Wirklichkeiten artikulieren, oder als die Summierung von Folgerungen aus empfangenen ,Wahrheiten'" (1199f.). Stattdessen sei das Christentum in die historische Forschung einzuordnen. Es habe ja – ähnlich wie die Denkmodelle der

---

8   PETER L. BERGER, THOMAS LUCKMANN, *Die gesellschaftliche Konstruktion der Wirklichkeit*, Frankfurt 1974, 42.
9   Ebd., 120.

Psychologie oder Soziologie – historisch greifbare Daten. In dieser Perspektive gründet Christentum für ihn im Begriff „Ereignis". Einen ganzen Abschnitt widmet er dieser Benennung und verweist auch zunächst auf die Person des Gründers: „Das Christentum schließt eine Beziehung ein zu dem ‚Ereignis (evenement)', das ihn gestiftet hat – Jesus Christus" (1200f.). Doch in der Folge befasst er sich ausschließlich mit dem Sachcharakter des „Ereignisses"; es erscheint wie ein Relikt der Altertumskunde. Die stiftende Person verschwindet. Heute gäbe es viele Weisen, sich auf das „Ereignis" zu beziehen, durch das ein neuer Typos von Weltsicht ins Licht getreten sei. Aber alle Erscheinungsformen hätten trotz ihrer Unterschiedlichkeit denselben Kern. Sie deuteten hin auf „die Existenz eines ‚anderen' als ihren Endpunkt". Dann kommt Certeaus Argumentationskette zu einem ersten wichtigen Abschluss: Dieses „andere" mache den Angelpunkt des christlichen „Ereignisses" aus, und zwar als Leerstelle, als etwas Fehlendes.

In dieser Schlussfolgerung verkehrt sich aber am Christentum der Gründer in eine unpersönliche Gründung. Jesus Christus wird in das Prokrustesbett der Versachlichung gezwängt. Wobei doch gerade für die Glaubensbindung an den Herrn die empfundene Hinwendung zu ihm als Du eine kaum zu überschätzende Kraft hat. Die Darlegungen eines Mitbruders hätten Certeau davon abhalten können, den dialogisch personalen Charakter des Glaubensaktes zu übersehen. Pater Pierre Rousselot SJ († 1915) beschrieb mit großer Klarsicht ein wichtiges Element unserer Zuwendung zu Gott. Er geht von der personalen Beziehung zwischen Menschen aus, wie sie zu unser aller Erfahrung gehört. Sie würde mitbestimmt von unserer affektiven Fähigkeit. Nicht zuletzt wirke sich bei der Annäherung an Personen die mögliche Neigung aus: Sie erhöhe und schärfe das Interesse, wenn jemand ein Du erkennen möchte. Diese Einsicht überträgt der Theologe auf das Feld des Glaubens. Er nennt die Sensibilität für unsere Gottes-Beziehung „Augen des Glaubens". An einem kleinen Beispiel macht er verständlich, dass die Augen des Glaubens etwas entdecken können, was der natürlichen Erkenntnis verborgen bleibt. Er legt dar: Wenn zwei Polizisten ein Verbrechen untersuchen, so werden sie nicht notwendig zur selben Überzeugung kommen. Dem einen mag der Fall vieldeutig bleiben;

für den andern liegt er jedoch klar zutage. Der Unterschied zwischen beiden Urteilen muss dann nicht in den Fakten liegen, die beiden gleichermaßen bekannt sind. Vielmehr dürfte der Erfolgreichere die größere analytische Kraft haben. So bedarf auch die zutreffende Deutung von Glaubens-Phänomenen eines zusätzlichen Lichtes, der Gnade. Ihre Helligkeit zeigt keine neuen Elemente, sondern macht nur einen neuen Aspekt sichtbar. Solche Gnade schenkt Gott dem Gott-Ergebenen. Ihn lassen die Augen jetzt etwas sehen, was vorher zwar schon da war, was er aber nicht beachtet hatte.[10]

Der Prozess der Gott-Annäherung braucht beim Menschen nicht nur die intellektuelle Kraft. „Darum sollst du den Herrn, deinen Gott, lieben mit ganzem Herzen und ganzer Seele, mit all deinen Gedanken und all deiner Kraft", antwortet der Herr auf die Frage des Schriftgelehrten nach dem „ersten Gebot" (Mk 12,30). Wohl gibt es keinen Glauben ohne rationale Inhalte. Aber nicht allein unser Verstand ist gefragt. Kühle Versachlichung – so sinnvoll sie sein mag – reduziert die ansprechende Wärme der Wahrheit und ihren gewinnenden Charme. Christsein darf nicht zu einem müden Erkenntnis-Prozess verflachen. Stattdessen soll der ganze Mensch antworten – auch mit Herz und Gemüt.

Rekurrieren auf eine Negation

Der Historiker Certeau ist bemüht, das christliche „Ereignis" seiner „Konservierung außerhalb der Zeit" zu entziehen. So betont er zunächst die Verschiedenheit der Ausdrucksformen, denen das Ereignis im Nachhinein „Platz gemacht" hätte. Sie seien unbedingt festzuhalten und unverzichtbar. Denn die Zentralgestalt des Christentums habe sich ja entzogen; sie sei abwesend (1201). Solche Abwesenheit finde für den Theologen in all den angebotenen biblischen Daten ihren prägnantesten Ausdruck mit dem Hinweis auf das „leere Grab". Dieses historische Faktum macht darum im Fortgang der Studie den Angelpunkt seiner Untersuchung aus. Das leere Grab habe seine eigene Aussagekraft und bedürfe keiner weiteren Deutung. Treue zum Christentum sei gebunden an diese „Abwe-

---

10   Zum Ganzen: *L'école de Rousselot*, in: ROGER AUBERT, *Le problème de l'acte de foi*, Louvain 1950, 451–470.

senheit des Objekts oder des Besonderen, das es gestiftet hat" (1202). Solche Entzogenheit assoziiert beim Autor die biblische KENOSIS (1202f.), die totale Entäußerung Christi, wie sie der Apostel Paulus beschreibt (vgl. Phil 2,5ff.). Die verschiedenen, unterschiedlichen Auferstehungs-Geschichten wollten ja keine historischen Berichte sein, sondern subjektive Eindrücke von Jesu Anhängern festhalten (1201f.). Als festes historisches Fundament bleibt Certeau hingegen „das leere Grab". Das „leere Grab" mache das Ereignis aus, das dem Christentum Bestand gäbe. Dies Faktum habe ferner einen triftigen missionarischen Sinn: Aus diesem sicheren Datum folge „für jeden Christen, für jede Gemeinschaft und für das ganze Christentum, sie müssen Zeichen sein für das Fehlende" (1206).

Als Historiker wählt Certeau das Greifbare, um das Christentum glaubwürdig zu machen. Er setzt auf etwas Gegenständliches, das evident ist. Doch mag er mit dieser Deutung auch die öffentliche Meinung erreichen: Kann er mit dem Rückgriff auf objektive Faktizität Menschen für Gott gewinnen? Auf diese Frage kann die Antwort nur ein kategorisches „Nein" sein. Schon den Anknüpfungspunkt aller Christianisierung auf ein Moment von Sachdaten umzupolen, ist biblisch nicht gedeckt. Die Heilige Schrift lässt keinen Zweifel: Nicht Altertumskunde zeugt den Glauben, sondern ihn weckt „das Wort" – mitnichten der historisch-archäologischen Fakten-Check. Zudem muss unser Autor selbst einräumen, dass Geschichtsschreibung grundsätzlich durch die Erfahrung von Abwesenheit und Alterität geprägt ist. Der Begriff „Chronist" als solcher verweise auf die Ambiguität zwischen einstmaliger Geschichte und aktueller Beschreibung, zwischen Wirklichkeit und Diskurs. „Der Diskurs über die Vergangenheit hat den Status, Diskurs über die Toten zu sein. Der Gegenstand, der dort behandelt wird, ist nur das Abwesende."[11] Gottes Offenbarung vollzieht sich hingegen im Wort, und sie braucht den Hörer. Glaubensstiftung ist ein personales Sprachgeschehen. Certeaus Sicht entstellt demnach Evangelisierung in ihrer Mitte. Und er nimmt ihr alles Beglückende, das im EUANGELION begegnet: Seine Fokussierung auf ein „Grab" bindet einen Trauerflor um den Lebenden, den Herrn – wenn sie sich nicht total im Agnostizismus verirrt. Diese „Kernschmelze" verkennt den

---

11   MICHEL DE CERTEAU, *Das Schreiben der Geschichte*, Frankfurt a. M. 1991, 67.

triumphalen Zentralimpuls aller neutestamentlichen Mission: „Er ist auferstanden, wie er gesagt hat" (Mt 28,6). „Zeugen seiner Auferstehung" (Apg 1,22) zu sein, ist das primäre Kriterium von Christi Boten. Das „leere Grab" ist nur eine marginale Konsequenz, die keinerlei Hoffnung schafft.

Zweifelhafte „Mystik"

Der fraglos geniale M. de Certeau nutzt ein Spätwerk, um seinen theologischen Entwurf weiterzuführen und abzusichern. Es trägt den Titel *Mystische Fabel*, und der Forscher bekräftigt neu, dass die Suche des Historikers nach dem Auferstandenen in jedem Fall vergeblich sein muss. Im Grab, das der Historiker bewohne, gäbe es nichts als Leere. Leeres Grab und Geschichtsschreibung stehen in Einklang. Und Christi Erlösungstat könne sich unumgänglich allein im Modus der Abwesenheit ausdrücken. „Die Historiografie ist eine zeitgenössische Art zu trauern. Sie wird ausgehend von einer Abwesenheit betrieben und bringt lediglich Scheinbilder hervor, so wissenschaftlich sie auch sein mögen. [...] Der Historiker sucht etwas Verschwundenes, das seinerseits etwas Verschwundenes sucht usw."[12]

Ärmliches „Geschwätz"

Im Untertitel seiner Publikation zur „Mystik" benennt Certeau die genaue Periode der Zeitgeschichte, der er sich zuwendet: „16. bis 17. Jahrhundert". Der Detailreichtum ist wieder atemberaubend. Eine erste bedeutsame Gestalt, das Verständnis von Mystik zu erläutern und zu exemplifizieren, ist Diego de Jesus († 1621), ein Interpret des hl. Johannes von Kreuz. Bei ihm lernt Certeau, dass die aszetische Auffassung des Mystikers dem des scholastischen Denkens konträr ist. Während letztere meinte, „Zunichtewerden" sei ein Fehlen von Sein, sage der Mystiker: „Zunichtewerden der Seele ist eine heilige Geringachtung und Preisgabe seiner selbst"; weder durch Gedächt-

---

12   MICHEL DE CERTEAU, *Mystische Fabel*, Berlin 2010, hier: 22. Die nachfolgend eingeklammerten Zahlen verweisen auf die Seiten dieser Publikation.

nis noch Gemüt noch durch Verstand dränge es ihn, sich um sich selbst oder um die Kreatur zu sorgen, auf dass er ganz und gar Gott gleichgestaltet werden könne (225f.). Dann folgt in der Studie eine komplexe Gedankenführung, die hier nicht wiederzugeben ist. Nur seine schwerwiegende Feststellung über Mystik und Sprache ist aus ihr festzuhalten: Im humanistischen XVI. Jahrhundert gäbe es wohl eine Rückbesinnung auf die Bibel. Doch sie autorisiere nicht den biblischen Inhalt, betreffe vielmehr den biblischen Stil; ihre Erwähnung diene also nicht dem Evangelium, sondern der geistlichen Rhetorik. Was aus der Bibel zitiert würde, betreffe weniger das, was sie sage, als vielmehr ihre Sprechweise (243). Und die dramatische Auswirkung: Vom geoffenbarten Wort bleibe der Mystik das „Schweigen Gottes" (245). Diese Leere fülle nun bei Johannes vom Kreuz der Heilige Geist. Gottes Geist sei es, der in der Seele spräche. Das „Geschwätz" oder „Gemurmel" der Bücher von Gott „vermag die Mystiker des 17. Jahrhunderts nicht zu trösten, denn die hören nicht auf jene Geräusche, sondern werden durch ihr Verlangen in die Erfahrung einer großen Stille geworfen. Der ‚Buchstabe' ist nicht das Wort, das sie erwarten" (258).

Der Forscher verweist dann auf den deutschen Konvertiten Angelus Silesius († 1677). Er ist Certeau ein Repräsentant solcher Gott-Gemeinschaft, die eine vorgegebene Offenbarung hinter sich gelassen hat. Dieser große barocke Dichter bekunde, dass er Gottes „Du in mir" suche, „die ‚Wesenheit' des Wortes des Du in mir". Dazu sei ihm Gottes geoffenbartes Wort keine Hilfe. Zum Beleg führt Certeau einen Vers des Mystikers an

> „Die Schrift ist Schrift, sonst nichts.
> Mein Trost ist Wesenheit;
> und dass Gott in mir spricht
> das Wort der Ewigkeit."

Stellt Silesius demnach – wie der Autor folgert – „die (Heilige) Schrift, [...] diese opake positive Gegebenheit, auf die Seite des Nichts" (261)? Wie es scheint, presst Certeau den schlesischen Theologen zu Unrecht in die Logik seiner Demonstration; er liest ihn „einäugig". Nur durch das Schließen des zweiten Auges kann er Silesius zum Ge-

währsmann für das Schweigen Gottes und die Verzichtbarkeit der
Heiligen Schrift machen. Mochte ihm auch das obige Zitat recht
geben – ein anderes Wort widerlegt ihn. Silesius schrieb:

> „Das Brot ernährt dich nicht:
> Was dich im Brote speist,
> Ist Gottes ewges Wort,
> Ist Leben und ist Geist."[13]

Dieser Vers des schlesischen Dichters zum Empfang des Herren-
leibes ist alles andere als evangeliumsfremd; es stellt einen höchst
schriftgemäßen Kommentar zur Eucharistie-Rede des Herrn im
Johannes-Evangelium (vgl. Joh 6) dar.

Am fiktiven Ort

Auch Certeaus Deutung der heiligen Teresa von Ávila (305–325) irrt.
Zu Recht ist ihm diese große Heilige, die die Kirche als erste Frau
zur „Kirchenlehrerin" ernannte, die „Gewährsfrau" schlechthin der
Mystik. Er bezieht sich auf einen Abschnitt aus ihren Schriften, die
im deutschen Sprachraum unter dem Titel *Innere Burg* oder *Seelenburg* bekannt ist. Hier ist zu fragen, in welchen Daten er ihre mystische Kraft findet (314–316).

Um zu diesem Text zu führen, geht Certeau von der Tatsache aus,
dass zu Teresas Zeit „die Welt nicht mehr als von Gott gesprochen
wahrgenommen" wird (305). Das nötige den Mystiker, der Gottes
Existenz erhalten wolle, sein eigenes Ich als Gottes Sprachrohr zu
verstehen: „Weil es das Wort geben muss, selbst wenn es unhörbar
wird, setzt er (der Mystiker) sein Sprecher-Ich an Stelle des unzu-
gänglichen göttlichen Sprechers" (306). Der Grundimpuls der Mystik ist unserm Autor jedenfalls eine Fiktion. „Es ist ein Sprechen,
das nicht weiß, wessen Echo es ist. [...] Es ist die Fiktion einer Seele,
ihre Erzeugung in einer Wohnung, die nicht die ihre ist, der fiktive
Ort" (307).

---

13   URL: https://www.aphorismen.de/suche?autor_quelle=Angelus+Silesius
      (Stand: 21.05.2020).

Ist hier ein „Selbstgespräch" gemeint? Jeder Glaubensbezug
nach außen ist in die Seele zurückgeholt; Welt und auch Gottes Offenbarung sind ihm verzichtbar. Mit solcher Ortsbestimmung nutzt
Certeau Teresas Überlegungen zu einem Perspektiv-Wechsel. Aus
Teresas „Burg" und den „Wohnungen" folgert er offenbar, bei allem
Schreiben der Mystiker stehe der „Raum" am Anfang; Raum ist „die
gründende Autorität" (319). Certeau reduziert den *ardor animi* wie
den *ardor cordis* – die später von ihm bei Labadie als vulkanische
Inbrunst erkannt werden (432) – hier auf Lokal-Äußerliches. Er
nimmt der Hinwendung des Mystikers zu Gott alles Humane; aus
Personalem wird Sachliches. Der kühle Raum des „leeren Grabes"
bestimmt die Sicht und lässt vergessen, dass dialogische Du-Bezo-
genheit zu unserer menschlichen Existenz gehört.

Certeaus Systematik opfert ferner in Teresas Mystik deren beeindruckende Bibelgebundenheit. Selbst bei der Sach-Beschreibung
der „inneren Wohnung" spielt die Kirchenlehrerin immer wieder
auf die Heilige Schrift an.[14] Ihre Abhandlung ist durchzogen von der
Erwähnung Jesu Christi, auf den „die Augen zu richten sind"; die
Überlegungen zur „fünften Wohnung" behandeln nichts anderes
als die volle Übergabe an Gott durch Christus. Certeau lässt sich
für sein Verständnis von Mystik leider nicht von Gottes geoffenbar-
ter Botschaft führen. Er ignoriert selbst die betörende, trinitarische
Mitte unseres Glaubens.

Institutions-behindert

Im vierten Teil der *Fabel* widmet sich der Forscher seiner eigenen
Ordensgemeinschaft; die Fülle der Einzelheiten kann erneut fas-
zinieren. Die Untersuchung kreist um das Stichwort „Institution",
ihre Unverzichtbarkeit wie um ihre Malignität. Innerhalb der „ein
Jahrhundert alten Institution der Gesellschaft Jesu" war es um
1630 herum in Frankreich zur Bildung einer kleinen Gemeinschaft
der sog. „Gottesfreunde" gekommen. Sie „fordern eine spirituelle
‚Reinheit' gerade innerhalb der Institution" (391). Gegen spirituelle Dürftigkeit möchten sie durch Impulse zur Innerlichkeit die

---

14   Vgl. S. Teresa di Gesù, *Opere*, Roma 1985, 761ff.

„Gesellschaft Jesu" erneuern. Der „Geist unseres Instituts" wurde
beschworen (405). Und die Institution sollte ihn wieder ausformen
und garantieren. Solches Erstreben „außergewöhnlicher Frömmig-
keitsformen" (409) weckte aber die Besorgnis der Ordens-Leitung.
Die Gruppe gefährde die „Einheit des Ordens [...] und an die Stelle von apostolischer Aktion tritt kontemplative ‚Inaktion'" (412).
Schlimmer noch: Der Versuch trenne die „Verbindung zwischen
der hierarchischen Organisation der Aufgaben (sc. der Institution)
und der göttlichen Quelle, die die legitimen Ziele und den Einsatz
begründen". Gegen solche Bedrohung des Institutionellen hätte dessen Unverzichtbarkeit gerettet werden müssen. Der Impuls
der „Gottesfreunde" wurde von der Zentrale abgewehrt mit einer
Weisung, die ihr legitim deucht: In der Gründungsphase der *Gesellschaft Jesu* hatte es geheißen, dass „zuweilen Gott zu verlassen
ist um Gottes im Nächsten willen" (419). Demnach möchte es nun
auch geboten sein, das Reden mit Gott durch das Reden über Gott
zu ersetzen und anstelle Gottes die „Ehre Gottes" zu suchen. So sei
denn Gottes „Zuhause-Finden" in sein „Draußen-Suchen" zu tau-
schen (419f.). Für Certeau liegt es auf der Hand, dass die gottergebe-
nen „Neuchristen" (415) – Certeau nennt sie teilnahmsvoll *infantes*:
Stammelnde, nicht richtig Sprechende (419) – das nicht akzeptieren
konnten. Sie würden sonst ihrer spirituellen Erfahrung und ihres
emotionalen Lebensraumes beraubt. Sie suchen das im Gebet selbst
liegende Exil. „Die Wüste ist drinnen" (421). Die Institution will sie
ihnen nehmen und zeigt sich janusköpfig.

Jean de Labadie († 1674)

Der Durchgang des Forschers durch die genannten Jahrhunderte
macht eine stupende Vielfalt von geschichtlichen Daten präsent.
Der Materialreichtum ist verwirrend, die Stringenz seiner Logik
vorbildlich. Aus der präsentierten, beeindruckenden Fülle wurden
für unsern Zusammenhang nur drei Züge signalisiert, die jedoch
nicht unwidersprochen bleiben können: das Evangelium zeigt sich
als irrelevant, der geistliche Liebesdialog wird versachlicht, Institu-
tionen sind etwas Verdächtiges. Es scheint so, als wolle der Autor
mit diesen drei Akzenten die Bühne bereiten für den Auftritt seines

Mystikers KAT'EXOCHEN: Jean de Labadie. Und zwar, weil dieser „Einsame und Vagabund" (457) das „Abwesenden", das „Fehlenden" inkarniert. Labadie habe „an den äußersten Rand geführt, wo es förmlich nichts mehr gibt als die Beziehung zwischen einem Wagnis und einem Verlust" (480). So erhebt er diesen zum Prototyp des Mystikers. Das „leere Grab" der *Rupture* und nicht weniger sein persönliches Suchen und Ringen dominieren Certeaus Sicht ohne Nuancen.

Labadies Leben ist abenteuerlicher als die Reisen des Odysseus bei Homer. Und es ist kurvenreicher als jede Formel-1-Rennstrecke. Nur einige Stationen seien genannt. 1610 bei Bordeaux in Frankreich geboren, tritt er in jungen Jahren dem Jesuitenorden bei. Dort wird er zum Priester geweiht, verlässt aber die „Gesellschaft Jesu" schon 1639. Ihre „Institution" gibt ihm nicht länger die erhoffte Glaubensbegleitung. Gott habe ihm einen „Plan" gezeigt, rechtfertigt er sich später, dem er nur „außerhalb des Ortes dienen würde, an dem er sich befand" (450f.). Die nächsten zehn Jahre wirkt er als freier Wanderprediger und versucht, „eine geheime Schule für die einfachen Leute" zu gründen (453). Nach Kontakten mit „Port-Royal", einer von der Gnadenlehre des heiligen Augustinus inspirierten französischen Hochburg der Frömmigkeit, veröffentlicht er Gedanken über die „Einsamkeit des Christen". Die in ihnen empfohlene „Einkehr" braucht keinen „festgefügten, geschützten Ort". Sie meint einen „anderen Standort, einen Nicht-Ort" (456). Trotz solcher Berufung, „Vagabund" zu sein, wählt er bald wieder den Weg in die Institution und wechselt 1650 zur „Reformierten Kirche" über. In ihr hält er Gottesdienste und doziert als deren akademischer Lehrer in Montauban/Frankreich. Als er von der dortigen Glaubensgemeinschaft ausgeschlossen wird, übernimmt er das gleiche Amt zunächst in Orange und dann im schweizerischen Genf. Diese Gemeinde feiert ihn bald als „zweiten Calvin". Bei andern erregen freilich sein prophetischer Anspruch und seine Abweichungen von der reformierten Theologie auch Kritik. Dann erreicht ihn eine Berufung in die Niederlande (Middelburg), die er annimmt. An seinem neuen Wirkungsort versucht er unter den reformierten Christen die wahre Kirche der Wiedergeborenen zu verbreiten. Seine Mission hat erneut ein geteiltes Echo. Es kommt zu einer theologischen Auseinander-

setzung um das Verständnis der Heiligen Schrift. Labadie besteht
darauf, dass es die innere Erleuchtung ist, die „das Buch" verstehen
lässt. „Das wahre Buch wird in der Seele geschrieben; es ist die Seele selbst, insofern sie eine ‚Fiktion' und ein ‚Gemälde' des Heiligen
Geistes ist. [...] Der ‚Buchstabe' bleibt in der Kirche, aber der ‚Geist'
verbreitet sich andernorts" (468f.). Daraufhin wird er von der Wallo-
nischen Synode suspendiert und 1669 des Landes verwiesen. Nach
kurzer Zeit in einer „freien Hausgemeinde" zu Amsterdam verlässt
er die Niederlande endgültig. Eine Gruppe seiner Anhänger bildet
eine neue Gemeinde im deutschen Herford. Von dort wird er 1672
erneut vertrieben, begibt sich nach Bremen. Letztendlich landet er
in Altona, an der Peripherie des damaligen Dänemark. Dort ver-
stirbt der „Nomade" Labadie im Jahr 1674.

Certeau resümiert: Es gäbe Geister, für die „das Wirken des Unendlichen darin besteht, sukzessiv jeden einzelnen Ort zu verwer-
fen. [...] Die Leidenschaft für das Loslösen [...] wiederholt auf jeder
Wegstrecke die Geste, die besagt: ‚Das ist es nicht'. [...] Diese Geste
war der Treibsatz des mystischen Lebens" (474). Der Nomade Labadie habe sie exemplifiziert. Er wurde getrieben von Ort zu Ort, ohne
an einem einzigen ruhen zu können. Loslösung und Abweisung
jagen seine Seele. Von mitmenschlicher Kommunikation und vom
Gebet „bleibt nur mehr ihre Negativität [...] ein System von Orten für
ein ‚Ich-weiß-nicht-was' zu verlassen, die einsame Geste des Fortge-
hens" (477). Der theologische Forscher deutet als Mystiker also den
Menschen, der ruhelos sucht in einer Desillusion, die ohne Ende ist:

> „Mystiker ist, wer nicht aufhören kann zu wandern und wer
> in der Gewissheit dessen, was ihm fehlt, von jedem Ort und
> jedem Objekt weiß: Das ist es nicht. Er kann nicht hier stehen
> bleiben und sich mit diesem da zufriedengeben" (487).

Einsprüche

Schon ein wenig Empathie nimmt gefangen für die Schwermut und
Düsternis, die den Blick unseres Autors beherrscht. Doch wenn der
Kopf dann abkühlt, meldet sich Widerspruch. Fraglos blieb das „Zu-
nichtewerden der Seele" einem heiligen Johannes vom Kreuz auf

seinem Glaubensweg nicht erspart – wie Certeau schreibt (226). Mystiker müssen offenbar diese „Nichtung" durchleiden. Aber unser Jesuit dürfte sie nicht totalisieren und als Verdikt nutzen gegen das „Geschwätz des Buches", gegen das „Institutionelle", gegen allen geistlichen Liebesdialog. „Nichtung" aus Glauben ist keineswegs ein „Treibsatz für die Wanderung an die Peripherie" – mit der Certeau sogar nicht einmal die Peripherie saturierter Selbstgenügsamkeit attackiert, sondern die Abwendung von dem Ort suggeriert, an dem Gott zu uns gesprochen hat.

Verlässlicher als unser Autor ist sein vorgeblicher Lehrer. Henri de Lubac hat ein Leben lang um Gott gerungen. Er weiß auch um die geistliche Dunkelheit. Aber für den Suchenden ist die *via negativa* lediglich eine Durchgangsphase. Und selbst für sie gilt:

> Sie widersteht der Gefahr, „dieses Voranschreiten (sc. auf der *via negativa*) mit dem Zurückweichen oder Zaudern des Agnostizismus zu verwechseln. Denn sie weiß, dass das Nein, das dem Ja folgt, in keiner Weise Nichtung ist: das Ja lebt im Nein heimlich fort als ein es forderndes Korrelat"[15].

Offenbar hat sich dem umtriebigen Forscher Certeau trotz seiner grenzenlosen Reisen und in seiner beeindruckenden Belesenheit Gottes Antlitz verborgen. Und er hat diese Dunkelheit bei allen gesucht, auf die er traf. Andernfalls ließ er sie aus. Etwa eine heilige Mechthild von Magdeburg, die jubelt: „Dass der Mensch ohne Unterlass mit Gott sei, das ist himmlisches Entzücken über aller Lust dieser Erde."[16] Ein Blaise Pascal bleibt ihm unbeachtet, der in seinem *Memorial* von 1654 die „Freude, Freude, Freude, Tränen der Freude" notiert – Freude, die Gottes Begegnung ihm schenkt. Unser Christentum zeigt uns eine „Wolke von Zeugen", die neben der Nichtung das jauchzende Glück der Gottesnähe erlebten. Bernard McGinn hat solche Gott-Begegnungen in einem sechsbändigen Werk vorgestellt und gedeutet: *The Presence of God. A History of*

---

15   Henri de Lubac, *Auf den Wegen Gottes*, Einsiedeln 1992, 178.
16   Gundolf Gieraths (Hg.), *Deutsche Mystiker. Eine Textauswahl*, Zürich 1977, 118.

Western Christian Mysticism[17]. Sie alle machen Teil der mystischen Erfahrung aus, die in der Kirche fortlebt und ihr die Vitalität der Heiligen gibt.

Maria von Magdala

Ganz fassungslos hinterlässt unser Autor schließlich den Leser, wenn er eine biblische Gestalt zu seiner Ikone mystischer Gott-Suche umprägt: die biblische Maria von Magdala. Als er nach der ersten Hinführung die Fragen zur „Mystik" genauer behandelt,[18] betrifft sie die Szene. Sie ist die Türhüterin. Sie suche verzweifelt: „Ich weiß nicht, wohin sie ihn gelegt haben. [...] Herr, wenn du ihn weggebracht hast, sag mir, wohin du ihn gelegt hast." Ihre Frage am leeren Grab sei die Frage schlechthin der Mystiker, vorgebracht mit „unbeschreiblicher Trauer". Sehnsüchtiges Ermitteln sei es, das allen mystischen Diskurs durchforme. Der Leib des Auferstandenen sei „durch das Verschwinden strukturiert" (128). Certeau ist unmissverständlich: Weil heute – wie in der *Ruptur* – allein die säkulare Sinnprovinz mit eigener Sprache und neuem Denken auch für Religiöses zuständig ist; weil Mystik sich erfüllt im Erlebnis von Tod und Abwesenheit des Herrn – darum möchte er Not und Weh dieser Frau zum Inbegriff moderner Transzendenz-Erfahrung machen. Aber seine Absicht scheitert schon daran, dass sein Entwurf christlicher Mystik irrt. Erst recht widerspricht ihm die angeführte Perikope des Evangeliums als solche; Maria am Grab ist völlig ungeeignet für Certeaus negatives Idealbild mystischer Leere. Wohl vermisst sie zunächst den toten Herrn im Grab, und sie wendet sich in ihrer Verzweiflung und Trauer an den, der ihr der Gärtner zu sein scheint. Aber in der redaktionellen Figur, wie sie der Evangelist Johannes liebt, wird auf diese Weise lediglich die Klimax der Perikope vorbereitet. Diese liegt – kontradiktorisch zu Certeaus Lesart – gerade darin, dass Marias Unglück gleich dreifach gewandelt wird: Jesus lebt; er zeigt sich ihr; sie erkennt ihn, spricht ihn an und umfasst

---

17   BERNARD MCGINN, *The Presence of God. A History of Western Christian Mysticism*, New
      York 1991ff., deutsch: Freiburg 1994ff.
18   DE CERTEAU, *Mystische Fabel*, 124ff.

seine Füße. Und die Quintessenz: der Auferstandene macht sie zur
Botin für die Jünger – aber nicht des leeren Grabes; sondern sie hat
zu verkünden: „Ich habe den Herrn gesehen" (Joh 20,18).

Henri de Lubac

Bei den Einsprüchen muss unbedingt noch Henri de Lubac bedacht
werden. Gegen Ende seines Traktats zur *Ruptur* beruft sich de Certeau auf seinen Lehrer und Ordensbruder.[19] Wenig später distanziert
sich dieser dann öffentlich von seinem Schüler – und zwar mit einer
Schärfe, die bei einem menschlich vornehmen und institutionell so
stark geprüften Menschen nur überraschen kann. Er schreibt zur
Ruptur: „Ich muss erklären, dass wer meine Ausführungen in der
von diesem Aufsatz dargelegten ‚Perspektive' lesen wollte, zu etwas
meinem ganzen Denken Entgegenlaufendem gelangen würde."[20]
      Später, in den 1980er-Jahren, kam dann de Lubacs zweibändi-
ges Werk *La postérité de Joachim de Flore* heraus. Das monumen-
tale Opus galt vor allem den Nachwirkungen des Ordensgründers
Joachim, der nach den christlichen Zeitaltern des Vaters und dem
des Sohnes als drittes das Zeitalter der Heiligen Geistes ausgerufen
hatte. De Lubac studiert Joachim von Fiores († 1202) so detailliert,
weil sich gegenwärtig dessen Geistesströmung wieder abzeichne;
er nennt ihn „Neo-Joachimismus". Diesem ordnet der Autor seinen
ehemaligen Schüler ausdrücklich zu und beanstandet: „Michel de
Certeau beschreibt heute das Modell des Neo-Joachimismus – ein
herbeifantasiertes Modell, wie man sagen könnte, ein perfektes Modell."[21] Dass der Lehrer die „Theologie" seines entlaufenen Schülers
scharf ablehnt, tritt nochmals hervor in der späteren ausführlichen
Rechenschaft über all seine Publikationen. Ohne Certeau direkt zu
nennen, verurteilt er dessen Denkmodell in seinem Bannspruch:
„Ich erkenne ihn (sc. den Neo-Joachimismus) in dem Prozess der
Säkularisation, die das Evangelium verrät und die Suche von Gottes
Reich in soziale Utopien umformt – jene servile Angleichung an
die Welt und ihre wechselnden Idole. Ich sehe ihn am Werk in dem,

---

19   *La rupture instauratrice*, 1221; Fußnote 35.
20   In: HENRI DE LUBAC, *Quellen kirchlicher Einheit*, Einsiedeln 1974, 130.
21   HENRI DE LUBAC, *La postérité de Joachim de Flore*, Paris 1979 und 1981, II,449.

was man zu Recht die ‚Selbst-Destruktion der Kirche' genannt hat."[22] Sie könne das Elend nur beschweren und unsere Menschlichkeit herabsetzen. Diese harten Worte sind wohl gleichfalls ein Verdikt für alle, die de Certeau immer noch als ihren Protagonisten benennen. De Certeau und de Lubac trennen theologische Welten. Wer beide Jesuiten zusammen auftreten lässt, um so dem Schüler Anteil zu geben an der wissenschaftlichen Autorität des Meisters, streut dem Leser Sand in die Augen.

Zur Hermeneutik des Glaubens

Die schroffe Verwerfung seines Denkansatzes durch den späteren Kardinal sollte bislang an einigen möglichen Gründen festgemacht werden. Doch Abweisung allein bewegt noch nichts. Konstruktiven Aufbau ermöglichen hingegen die christlichen Glaubensquellen; sie zeigen den Weg, wie Gottes Antlitz zu suchen ist.

De Certeau drängte es, das „Ereignis" Jesus Christus den Menschen der Moderne nahezubringen. Er rückte es in den Horizont der Humanwissenschaften in der Überzeugung, empirische Maßstäbe gäben dem Christentum bessere aktuelle Resonanz. Inzwischen gibt es neben seinen Epigonen missionarische Pioniere, die nach anderen Zugängen suchen, um das Christsein mit unsrer Zeit zu versöhnen. Sie nutzen Gesellschaftsanliegen. Friedenswille, soziale Gerechtigkeit, Bewahrung der Schöpfung oder eine regionale kulturelle Tradition, die wieder Interesse für die Sendung der Kirche wecken sollen.

Nun darf gewiss kein Christ die genannten Konfliktfelder aus den Augen verlieren – ist er doch Teil der Menschheit, um deren Zukunft es geht. Aber der Glaubende erkennt andererseits, dass die genannten Probleme zu diesseitigen Lösungen drängen. Sie erreichen nur einen Sektor, nicht das Vollmaß von Gottes Verheißung und riskieren, bei Aussagen zu „Mutter Erde" hängen zu bleiben. Transzendente Inhalte verflüchtigen sich, wenn eine immanente Sinnprovinz über die christliche Heilsbotschaft dominiert. Solche Hermeneutik würde in die Irre führen. Glaube fordert einen Ver-

---

22 Henri de Lubac, *Mémoire sur l'occasion des mes écrits*, Namur 1989, 161.

ständnis-Horizont, der sich der ganzen Wahrheit vom Menschen öffnet. Damit Gottes Offenbarung unverkürzt erkannt werden kann, sind Deutungs-Kategorien nötig, die die ganze – auch die geoffenbarte – Wirklichkeit beachten. Die Kirche bietet sie uns im Vermächtnis großer Gestalten an.

Ignatius

Für unsere Untersuchung hilft etwa Ignatius von Loyola († 1556) weiter, näherhin seine epochalen *Geistlichen Übungen,* die wirklich zu einer neuen Glaubensverbreitung in der Kirche führten. Am vierten Tag der 2. Woche schlägt der Heilige die „Besinnung über zwei Banner" vor.[23] In ihr öffnet er die Sicht auf menschliches Dasein unverkürzt für das Ringen unserer Existenz auf dem Weg zu Gott. Wir leben auf einem Kampfplatz, der sich auftut zwischen dem Banner Christi, „des höchsten Befehlshabers und Unseres Herrn", und dem Banner Luzifers, „des Todfeindes unserer menschlichen Natur". Vor unserm geistigen Auge ordnet Ignatius das Heerlager Christi an „in der Gegend von Jerusalem" und das Heerlager Luzifers „in der Gegend von Babylon". In solcher Sicht tritt zunächst zutage, dass für die Deutung der Heiligen Schrift und für christliche Wegsuche ein Spannungsfeld zwischen kontradiktorischen Gegensätzen vorgegeben ist; Welt- und Glaubensgeist sind nicht kompatibel, sondern bleiben in fortdauerndem Kontrast, auf den zu achten ist. Ferner lehrt uns der überragende Kenner unserer Seele für menschliches Suchen und Wollen ein völlig anderes Sehnen als Michel de Certeau: Ignatius drängt „auf die Erkenntnis des wahren Lebens, das der höchste und wahrhaftige Befehlshaber zeigt, und auf die Gnade, Ihm zu folgen". Nicht ruheloses Umherstreifen in agnostischer Dunkelheit bewegt ihn, sondern die Zusage erfüllender Gemeinschaft mit Christus.

---

23 IGNATIUS VON LOYOLA, *Die Exerzitien,* Einsiedeln 1956, Nr. 136ff.

Augustinus

Schon Jahrhunderte früher hatte uns der heilige Augustinus in seinen Schriften ein Panorama des christlichen Daseins hinterlassen. Er bedenkt – anders als Ignatius – nicht die individuellen geistlichen Impulse des Menschen, sondern richtet seinen Blick global auf Völker und Zeiten. *De civitate Dei – Der Gottesstaat* heißt das berühmte Werk. Der Titel mag nach einem Traktat zu Politikwissenschaft klingen. Doch der Kirchenmann ist weit davon entfernt, Staatslenkern Anweisungen für das Regieren geben zu wollen. Vielmehr kommt der Theologe seiner bischöflichen Zuständigkeit nach und unterstreicht mit Macht, dass die Glaubensgemeinschaft zum irdischen Staat in einem bleibenden Gegensatz steht. Er hatte also gleichfalls die bipolare Spannung der beiden „Heerlager" des heiligen Ignatius vor Augen, in der Babylon und Jerusalem gegeneinander streiten. Augustinus profiliert teils mit scharfen Worten das Christentum gegenüber seinem erlebten römischen Umfeld. Er möchte den „Gottesstaat", der in dieser Weltzeit unter Gottlosen pilgert, verteidigen gegen die, die seinem Begründer – dem ewigen Gott – die heidnischen Götter vorziehen. Mit diesem Ziel weist er den „Weltstaat" in seine Schranken. „Denn aus diesem Weltstaat stammen die Feinde, gegen welche der Gottesstaat verteidigt werden muss" (Civ 1,1). Im heidnischen Umfeld und unter den Feinden Gottes hilfreiche Anknüpfungsdaten für die Annahme des Evangeliums zu suchen, hätte Augustinus fraglos aufs Höchste empört.

Die dezidierte Alternative der beiden Heerlager bei Ignatius und die augustinische Feindlichkeit zwischen Gottes- und Weltstaat machen die bleibenden Koordinaten unseres Christseins aus. Unverfälscht hält sie Gottes Offenbarung für uns bereit, Irdisches kann sie uns nicht zeigen. Gesunden Menschenverstand und öffentliche Meinung lehren sie nicht. Würden Christen die Kenntnis von Gott und seinem Willen mit den Zufälligkeiten von Allgemeinwissen oder mit Herzenseinsicht gleichsetzen, wäre ihr Glaube jeder Form von Mode und Beliebigkeit ausgesetzt. Zumal alle Wahrheit, die uns durch Schöpfung und Menschheit begegnet, durch Adams Sünde gebrochen ist. Ungetrübte Quellen sprudeln nicht auf jedwedem Markt; sie – wie es modisch ist – auf der „Peripherie" zu lokalisieren, ist trügerisch. Nicht überhört werden darf der Völkerapostel, wenn er seine Christen in Ephesus warnt: „Wir sollen nicht mehr unmündige Kinder sein, ein Spiel der Wellen, hin und hergetrieben vom Widerstreit der Meinungen, dem Betrug der Menschen ausgeliefert, der Verschlagenheit, die in die Irre führt" (Eph 4,14). Der geistlich Kluge setzt auf Gottes Wort, wie es die Kirche deutet; hier wird ihm das zuverlässige Fundament vorgegeben; es ist zu erkennen und anzunehmen.

„*Dei Verbum* – Gottes Offenbarung"

Fünf Jahre bevor Michel de Certeau seine *Ruptur* veröffentlichte, hatte das Vaticanum II die Konstitution *Dei Verbum – Über die göttliche Offenbarung* (= DV) beschlossen; ein vierjähriges Ringen war am 18.11.1965 zu einem guten Ende gekommen. Das Dokument bekundet schon in der Einleitung, dass die Verkündigung des Wortes Gottes ein *proclamare* ist, ein „Heroldsruf". Er zielt auf das Hören – in der Kirche und über sie hinaus. Der Apostel Paulus lehrt: „Wie sollen sie nun den anrufen, an den sie nicht glauben? Wie sollen sie an den glauben, von dem sie nichts gehört haben? So gründet der Glaube in der Botschaft, die Botschaft im Wort Christi" (Röm 10,14.17). Die Apostelgeschichte definiert die Aufgabe der Zwölf mit den Worten „Gebet und Dienst am Wort" (Apg 6,4). Sie spricht diesem „Wort" sogar eine gewisse Selbstwirksamkeit zu: „Und das Wort Gottes wuchs heran, und die Zahl der Jünger wurde immer größer" (Apg 6,7). Andererseits können die Gegner des Christseins bezeichnet werden als solche, „die dem Wort nicht gehorchen" (1 Petr 2,8). Wer aber hört, dem gibt das Wort „Zuversicht", wie sie von den ersten Kündern des Evangeliums ausging und wie sie für immer zur Kirche gehört.

Solches Hören steht gegen diesseitiges Selbstvertrauen. Denn Gottes Wort ist „Torheit des Kreuzes" (1 Kor 1,18) – sowohl für die Glaubensgemeinschaft wie für die Welt. So steht denn die „Torheit Gottes" gegen die „Weltweisheit". Und der Versuch, die Akzeptanz des Wortes durch Konzessionen oder Verwässerungen zu fördern, wäre pflichtvergessen und treulos. Die Konzilsväter stellen sich daher die Aufgabe, „die echte *(genuina)* Lehre über die göttliche Offenbarung und deren Weitergabe vorzulegen" (DV 1). Sie beabsichtigen sowohl deren theologische Vertiefung wie ihre wirksame Verkündigung. Leider findet die vatikanische Konstitution in de Certeaus Studie keinerlei Erwähnung. Uns soll sie hingegen Leitfaden sein für einige Orientierungspunkte zum Glaubensverständnis und seiner Vermittlung heute.[24]

Einzigartig

Gleich mit den ersten Sätzen versichert also das Konzil den achtgebietenden Rang der geoffenbarten Botschaft. Und es unterstreicht diesen mit einem Schrift-Zitat. Dessen Verse machen das gesprochene Offenbarungs-Wort auf das inkarnierte Wort Jesus Christus hin durchlässig: „Wir haben gesehen und bezeugen und verkünden euch das ewige Leben, das beim Vater war und offenbart wurde" (1 Joh 1,2). Für den Johannesbrief ist Gott selbst der Inhalt von Gottes Wort; wie im Sohn so wird Gott in seiner Botschaft präsent. Offenbarung hat demnach nicht nur einen Wissens-Stoff, sondern sie ist Gottes Vergegenwärtigung unter den Menschen durch den Sohn. Christus macht sein göttliches Wesen offenbar. Diesen ewigen Sohn des Vaters haben die Apostel und alle Boten weiterzugeben durch ihr Zeugnis. Doch wer verlässlicher Garant sein will, muss erst selbst Erfahrung und Kenntnis sammeln. Jesu Abgesandte brauchen persönlichen und konkreten Umgang mit dem Herrn; sie sind Augenzeugen (vgl. Lk 1,2), haben mit ihm gegessen und getrunken (vgl. Apg 10,41); nur unter dieser Bedingung können sie unser aller Väter im Glauben sein.

In solcher *Communio* mit dem Stifter und seinen ersten Boten besteht die Kirche, und durch sie kann Gottes Offenbarung heutig werden. Der nächste Vers des zitierten Johannesbriefes spricht von der „Gemeinschaft", die durch die Verkündigung gestiftet wird: „Gemeinschaft mit uns [...]. Gemeinschaft mit dem Vater [...]. [...] mit seinem Sohn [...], damit unsere Freude vollkommen ist" (1 Joh

---

24 Dazu dient vor allem der Kommentar von Henri de Lubac, *Die göttliche Offenbarung*, Einsiedeln 2001; wenn im folgenden Text lediglich Seitenzahlen eingeklammert sind, so gelten sie diesem Werk.

1,3f.); die *communio ecclesialis* überdauert die Zeit. So hebt der heilige
Augustinus an den zitierten Sätzen die in der Kirche fortdauernde,
auf das Wort gegründete Einheit hervor: „Die vollkommene Freude liegt also nach seinem (sc. des Johannes) Wort genau in der Gemeinschaft, in der Liebe, in der Einheit" (49).
Glaubens-Verkündigung ist zielgerichtet. Sie will die Annahme
als „Botschaft des Heiles" (DV 1) in Glauben, Hoffen und Lieben.
Ihre Zweckbestimmung fragt demnach nach dem Vorgang, den sie
beim Hörer auszulösen hat. In Gottes Wort tritt Offenbarung zunächst neu an den Menschen heran. Demnach ist auszuschließen,
die Botschaft hätte lediglich das Ziel, „immer schon implizit gege-
bene Christlichkeit in seine Ausdrücklichkeit überzuführen oder
letztlich eine bis dahin nur ‚anonyme' Wirklichkeit zu benennen"
(54). Ferner verstehen sich die Apostel in ihrer Verkündigung nicht
allein als Kommentatoren von vergangenen Ereignissen. Das Evangelium als solches ist vielmehr eine durch sie gegenwärtige Gabe.
Diese teilen sie aus. Im Vollzug dieses Austeilens wirkt Gottes
Wort gleichsam aus eigener Kraft. Es hat unmittelbare Konsequenzen. Paulus befindet einmal: „In Christus Jesus bin ich durch das
Evangelium euer Vater geworden" (1 Kor 4,15). Die Konstitution *Dei
Verbum* personifiziert sogar die Offenbarung. Sie spricht ihr eine
Art vom Umgang Gottes mit uns Menschen zu, wie er zwischen
Freunden statthätte (vgl. DV 2). Intime Annäherung zwischen Gott
und Mensch ist intendiert, nicht kühle Fakten-Mitteilung einer ver-
steinerten Geschichte.

Christozentrisch

Die Botschaft hat eine Mitte. Christus ist das Wort Gottes schlechthin. In ihm findet alles, „was durch eine Vielzahl prophetischer Vo-
rausbilder angekündigt wurde, seine restlose Erfüllung" (69). Ja,
die Konstitution geht so weit, ihn selbst als die „ganze Offenbarung"
zu bezeichnen (DV 7). Damit wird im Herrn Historisches persona-
lisiert und aktualisiert. Christen sind diejenigen, die heute glauben,
dass er heute lebt. Andere große Religionsgründer wie Mohammed,
Buddha oder Zoroaster haben sich nie ihren Jüngern als Inhalt ihres Glaubens vorgestellt; sie predigten eine Lehre, die ihrer eigenen

Person irgendwie äußerlich blieb; die Bewegung, die von ihnen aus-
ging, richtete sich nie auf sie selbst als ihr Ziel. „Jesus aber ist der
Meister, der sich selbst als Inhalt unseres Glaubens ausgibt; er ist
‚Urheber' des Glaubens und dessen ‚Vollender' (Hebr 12,2)" (72).
Freilich tut er sein Werk nicht wurzel- und bindungslos. Er
kommt vom Vater und ist das Wort des Vaters. Er handelt im Na-
men des Vaters und in dessen Kraft. Demnach fällt der Ruhm seiner
Werke auf den Vater zurück.

> „Denn das Wort ist reine Beziehung zum Vater, was sich wi-
> derspiegelt in seinem Menschsein durch den Fluss und Rück-
> fluss der Liebe, die annimmt und anbietet, empfängt und gibt
> und so die Vereinigung in der Einheit vollzieht. Diese leben-
> dige Beziehung zum Vater, die die innerste Natur Christi
> ausmacht, zeigt sich zunächst im Gebet: in der Anbetung,
> im Lob-, Dank- und Bittgebet. [...] Dieser Lebensschwung
> mündet in die freudige oder schmerzliche Erfüllung des vä-
> terlichen Willens: Christus tut immer, was dem Vater gefällt.
> Er vollendet sich in den geretteten Menschen, die wiederum
> Gott die Ehre erweisen [...]."[25]

Die Zentralabsicht des Vaticanum II, das *aggiornamento*, dräng-
te – wie auch Certeau – die Konzilsväter zum Brückenschlag vom
Ereignis Jesu in die Gegenwart. Die Bischöfe begnügen sich allerdings bei ihrem Versuch nicht mit seiner Konservierung in die
Daten der Historie. Wohl ist unbezweifelbar, dass Gott sich in den
Zeiten greifbar geoffenbart hat, indem er in die Geschichte eintrat.
Aber sein Heilswille lässt sich nicht fassen, indem er auf ein abge-
laufenes Faktum vereindeutigt und verdinglicht wird. Wohl ist er
Historie, doch macht er auch heute Geschichte. „Das Heil ist uns
in der Geschichte durch eine Folge von ‚göttlichen Taten' offenbart
worden, und man kann wohl mit Oscar Cullmann (sc. ein protestan-
tischer Theologe) sprechen von einer ‚Geschichte, die uns das Heil
bringt'. [...] Ein christliches Denken, das dem historischen Charakter des Christentums ganz treu bleiben will, darf sich nicht in die
Geschichte einsperren lassen" (86f.). Die Konzilsväter überwanden
den Hiatus zwischen Vergangenheit und Gegenwart, indem sie

25   Jean Mouroux, *Eine Theologie der Zeit*, Freiburg 1965, 125f.

an der Fortdauer von Christi Heilswerk festhielten. Zu Hilfe kam ihnen dabei der Ausdruck „Heilsgeschichte". Der Völkerapostel schreibt: „Jetzt ist sie da, die Zeit der Gnade; jetzt ist er da, der Tag der Rettung" (2 Kor 6,2). Das heißt doch: Leben, Tod und Auferstehung Christi sind die Heilsgeschichte, auf die der Alte Bund hinstrebte und hinwies und von dem dann alles spätere Heilstun Gottes herkommt und Zeugnis gibt (89). Der sachhaft-abstrakte Inhalt der Offenbarung muss darum nach dem „Ereignis" gewandelt werden durch den Gedanken an die Person gewordene Wahrheit. Sie ist in der Geschichte erschienen und kommt durch die Geschichte auf uns zu. Gottes Selbstoffenbarung vollzieht sich darum auch heute – sollte sie sich dann ereignen – nicht anders als durch den Sohn, weil es keinen anderen Weg zum Vater gibt als den Sohn: „Niemand kommt zum Vater außer durch mich" (Joh 14,6).

Bestätigt

Es ist die Auferweckung aus dem Tode, in der der Vater im Himmel Jesu Person und Sendung ein für alle Mal bestätigt. Vor den Athenern lehrt Paulus ausdrücklich, Gott habe ihn „vor allem Menschen dadurch ausgewiesen, dass er ihn von den Toten auferweckte" (Apg 17,31). Eine oft verwendete Kennzeichnung Gottes als demjenigen, „der Jesus von den Toten erweckt hat" (Röm 8,11; 2 Kor 4,14; Gal 1,1 u. ö.), wird gleichsam zu Gottes Ehrenname. So hebt auch die Konstitution *Dei Verbum* Jesu Auferstehung hervor, als sie die Einheit aller Offenbarung in Christus formuliert (vgl. DV 4). Christi Auferstehung ist im *Credo* unserer Kirche nicht ein objektives Bekenntnis, das nur über den Herrn spricht und lediglich ihn betrifft. Es bezieht sich auf uns alle; wir sind mitgemeint. „Ist Christus nicht auferweckt worden, so ist unsere Verkündigung leer und euer Glaube sinnlos", sagt der Apostel (1 Kor 15,14). Ist er nicht auferstanden, dann ist für uns „sein Name ein leerer Name" (Heinrich Schlier). Das KERYGMA, das nur „die Sache" eines gestorbenen und dann unauffindbaren Jesus wiederholt, ist kraftlos und entbehrt der entscheidenden Bestätigung. Certeaus Versicherung des „leeren Grabes" kann das Bekenntnis von Jesu Auferstehung nicht ersetzen. Der Satz, „Er ist auferstanden", bekundet ein Ereignis, das

eine neue Dimension unseres Menschseins eröffnet hat. Darum
verknüpft der Apostel Paulus Jesu Auferstehung unlösbar mit unser
aller Auferstehung.

„Wenn Tote nicht auferweckt werden, ist auch Christus nicht
auferweckt worden. [...] Nun aber ist Christus auferweckt
worden als der Erste der Entschlafenen' (1 Kor 15,16.20). Die
Auferstehung Christi ist entweder ein universales Ereignis,
oder sie ist nicht, so sagt uns Paulus. Und nur wenn wir sie
als universales Ereignis, als die Eröffnung einer neuen Dimension menschlicher Existenz verstehen, sind wir auf dem
Weg, überhaupt das Auferstehungszeugnis des Neuen Testaments richtig aufzufassen."[26]

Definitiv

Weil Gottes Offenbarung den Juden „ein Ärgernis" und den Heiden „eine Torheit" ist (1 Kor 1,23), bleibt ihr der Widerspruch der
Irdisch-Vernünftigen nicht erspart. Schon dem Boten ist sie eine
Last. Es quält ihn nicht nur, dass sein eigenes Tun dem seiner Worte nicht gerecht wird. Auch Resonanz und Zustimmung auf seine
gute Nachricht bedrückt ihn; denn die Zuhörer wenden sich ab. Seine Zusicherung harmoniert eben nicht mit der „Weltweisheit". „Darüber wollen wir dich ein andermal hören" (Apg 17,32), bescheiden
dem Völkerapostel die Athener auf dem Areopag, als von der Auferstehung der Toten spricht. Hätte er nicht in Athen eine repräsenta-
tive Gemeinde stiften sollen mit einer Anzahl aufgeklärter Vordenker? Wäre das gerade in dieser Stadt kein verheißungsvoller Anfang
für eine Missionierung gewesen? Paulus bleibt den Widerhaken im
KERYGMA treu. Er zwingt es nicht in den Denkhorizont seiner Zuhörer, um es ihnen mit Konzessionen akzeptabel zu machen.

Die Offenbarung ist unantastbar. Christus, der ihre Fülle ist,
hat sie vollendet. Unsere Konstitution *Dei Verbum* formuliert, es
sei „keine neue öffentliche Offenbarung mehr zu erwarten vor der
Erscheinung unsres Herrn Jesus Christus in Herrlichkeit" (DV 4).
Gottes Wort kennt demnach keine Nachträge von Menschenhand.

---

26 JOSEPH RATZINGER, *Jesus von Nazareth II*, Freiburg 2011, 269.

Sonst würde ja Christi Auferstehung eher Ausgangspunkt zu neu-
en verbindlichen Mitteilungen Gottes statt deren Schlusspunkt
sein. Gewiss muss der Christ aufmerksam das Weltgeschehen er-
forschen, um – wie die berühmte Pastoral-Konstitution des Vaticanum II formuliert – „Freude und Hoffnung, Trauer und Angst der
Menschen von heute" (*Gaudium et spes* 1) auszumachen. Aber mit
diesem Satz wird keineswegs erklärt, dass uns in der Geschichte
der Menschheit bislang nicht geoffenbarte Erkenntnisse über Gott
und seinen Willen aufgezeigt würden. Lebenssituationen sind nie
als solche schon Mittler von Gottes Heil. Im Gegenteil: „Ob Profan-
oder Kirchengschichte: aus sich allein bringen uns ihre Ereignisse
keinerlei Zuwachs zur übernatürlichen Offenbarung; sie bleiben
stets ‚zweideutig' und wie ‚in Erwartung'" (148). Alles Leben muss
also erhellt werden durch das Licht, das vom Evangelium kommt.

Solche Klarstellung bekommt heute neue Relevanz bei dem Versuch, Antworten auf aktuelle kirchliche Herausforderungen zu finden. Wendungen wie *locus theologicus* oder „Zeichen der Zeit" sollen
dann humanen Lösungsvorschlägen die Weihe der Gottes-Offenba-
rung geben. Doch sind beide Lösungstermini beliebig zu postulie-
ren? Das ausgeuferte Renommee der gennannten Modewendungen
nötigt dazu, die Bedingungen für ihre zutreffende Verwendung
zur prüfen; sie dürfen ja nicht verkommen zu Jokern für pastorale
Tricks.[27]

Schon die Diskussion zur genannten Pastoralkonstitution während des Vaticanum II musste Missverständnisse dieser Metapher
korrigieren. Joseph Ratzinger war beteiligt und hält fest, in einer
ersten Fassung des Textes hätte man mit dem Ausdruck „Zeichen
der Zeit" der Kirche pastorale Fragen der Welt nahelegen wollen:
Die Zeit sei ein Zeichen und eine Stimme, insofern sie Gottes An-
wesenheit oder seine Abwesenheit mit sich bringe; deshalb müsse
„die Stimme der Zeit als Gottes Stimme" gewertet werden. Dieser
Gedanke aber sei in der nachfolgenden Beratung einer scharfen Kritik verfallen; er sei weder exegetisch korrekt noch sachlich zulässig.

---

27   Jüngst bemühte Kardinal Reinhard Marx diese Ausdrücke wieder in seiner Publikati-
       on *Freiheit*, München 2020, 95. Ohne Kriterien für ihren theologischen Sinn auch nur
       zu suchen, identifiziert er sie im Kontext offenbar mit den „Knackpunkten" des „Syno-
       dalen Weges". Solches Vernutzen von gängigen Schlagworten hilft weder kirchlicher
       Wahrheitsfindung noch integerer Pastoral.

Der Berichterstatter widerlegt den falschem Schriftgebrauch mit
der rhetorischen Frage:

„Ist nicht mit Christus als dem wirklichen ‚Zeichen der Zeit'
gerade die Antithese zur Maßgeblichkeit des Chronos gesetzt,
wie sie aus dem Wort ‚vox temporis' spricht?"[28]

Recht gedeutet, richtet sich Jesu Wort gerade gegen den Mainstream,
wenn dieser aus kirchlichen Ereignissen, Forderungen oder Probleme Gottes Weisung herausliest. Als der Herr gegenüber den Pharisäern und Sadduzäern die Wendung „Zeichen der Zeit" (Mt 16,3) gebraucht, ergeht sein Warnruf gegen die Blindheit seines Volkes, das
sich ihm selbst und seiner Botschaft widersetzt. Er selbst ist nämlich dieses „Zeichen". Der Ausdruck richtet sich fundamental gegen den Versuch, die Wahrheit im Zeitgeist (der Pharisäer oder der
Postmoderne) zu suchen. „Gegenwartskultur" ist nicht immer und
einfachhin die „Stimme Gottes"; Auffälligkeiten an der „Peripherie" können nicht leichthin zu „Zeichen der Zeit" deklariert werden.
Und ein *locus theologicus* liegt demnach nicht schon in jeder geist-
lich-moralischen Herausforderung. Allein wenn von Vorkommnis-
sen neues Licht für Jesus Christus und seine vorgegebene Botschaft
ausgeht, kommen ihnen für Glaube und Pastoral klärender Belang
und Gewicht zu. Sie sind demnach nicht einfach „aufzuspüren",
sondern durch die Gabe von Christi Geist zu „unterscheiden" von
Glaubensfallen. Im Ausdruck „Zeichen der Zeit" kommt wieder die
absolute Christozentrik aller Offenbarung zum Ausdruck.

„Der Glaube rückt alles in ein neues Licht. [...] Die Zeichen der
Zeit zu deuten, gehört zu den hauptsächlichsten Herausfor-
derungen, die sich dem Christen heute wie zu jeder anderen
Geschichtsepoche stellen. Aber es bedarf solider Deutungs-
kriterien: Die Zeichen sind zunächst einmal für alle gleich,
doch welche Vielfalt zeigt sich bei ihrer Entzifferung! Das
Kriterium ist das Wort Gottes, ist der Glaube." In seinem
Licht sind sie zu beurteilen (148).

28   JOSEPH RATZINGER, *Kommentar zu Gaudium et spes*, in: LThK, *Das Zweite Vatikanische
     Konzil. Dokumente und Kommentare III*, Freiburg 1968, 313f.

Unbestritten bleibt bei dieser Klärung, dass Christi Heilswerk bei
der geschöpflichen Realität anknüpft. Die „Welt" ist nicht nur Ort,
sondern wird auch Instrument unseres Heils. Dennoch schrieb vor
Jahren Karl Rahner, gewiss ein anerkannter Vorkämpfer der Inkarnationstheologie:

> „Es mag sein, nein, es ist sicher, dass man im Buch der Welt
> die Botschaft Jesu Christi nur deutlich und in ihrer ganzen
> Fülle lesen kann, wenn man sie zuerst im Buch der Schrift
> gelesen hat."[29]

Appellativ

Gottes Offenbarung zielt auf die Antwort der Berufenen. Ihr Sinn
ist mehr als bloße Mitteilung; sie will angenommen werden. „Dem
offenbarenden Gott ist der ‚Gehorsam des Glaubens' zu leisten", formuliert die Konstitution mit der Berufung auf verschiedene Zitate
der Heiligen Schrift (DV 5). Der Gehorsam besteht in der verstan-
desmäßigen Zustimmung und der Ganzhingabe des Hörenden. Die
beiden Aspekte – inhaltliche Kenntnis und existenzielle Übergabe:
fides quae und *fides qua* – waren nun von den Konzils-Vätern zusam-
menzubringen. Sie hatten einen inhaltsleeren Vertrauensglauben
und einen mechanischen Zustimmungsglauben auszuschließen.
Das Mysterium musste erkannt und gelebt werden. Dem Urchristentum war zu entnehmen, dass der Glaube einen Erkenntnis-Aspekt
hat. Er ist keineswegs gleichzusetzen mit den christlichen Spuren
in der Gesellschaft oder den Verhaltens-Impulsen einer überkom-
menen Kultur. Seine Fülle ist vorgegeben, kennenzulernen und
mitzuteilen. Intuition kann aufmerksames Hören nicht ersetzen.
Der Glaube vollzieht sich nie vor dem Erkennen – wobei Erkennen
im Hebräischen meint: „innige personale Verbundenheit zwischen
zwei Wesen" (167). Glauben nötigt demnach dazu, die ihm inne-
wohnenden begrifflichen „Wahrheiten" aufzunehmen, wirken zu
lassen und zu schützen.

---

29   KARL RAHNER, *Erlösungswirklichkeit in der Schöpfungswirklichkeit*, in: DERS., *Sendung und Gnade*, Innsbruck 1959, 51–88, hier: 85.

„Wenn der Glaube die Wirklichkeit des Heilsmysteriums Christi erfasst, kann er nicht umhin, die Zustimmung des Verstandes zu dieser die Wirklichkeit des Geheimnisses verkündenden Botschaft mit einzuschließen. Die verstandsmäßige Seite des Glaubens entspricht dem Wirklichkeitscharakter des Geheimnisses Christi" (168).

Glaube ist Selbstübereignung des ganzen Menschen an den personalen Gott. Praktizierende Katholiken erinnern sich an solche Hingabe beim Sprechen des *Credo*. Genauer betrachtet ist allerdings das sog. Glaubensbekenntnis kein Glaubensvollzug. Vielmehr deklariert der Christ in ihm diesen seinen Vollzug, er proklamiert ihn. Man kann auch von „beteuern" sprechen. Solches Bekennen hat demnach eine wichtige Voraussetzung, über die der Sprechende dann Auskunft gibt: Er legt gleichsam Rechenschaft ab über einen Akt, der dem Bekenntnis vorauszugehen hat. Das gesprochene *Credo* versichert demnach bereits Vollzogenes. Es ist

„[...] meine Antwort auf den mich rufenden Gott, mein Anhängen an seine Offenbarung, meine Gegenliebe an seine sich schenkende Liebe. Bevor ich nach außen hin sagen kann: ‚Ich glaube an Gott', muss ich, um es aufrichtig sagen zu können, in meinem Herzen gesagt haben: ‚Herr, mein Gott, ich glaube an dich'."[30]

„Ich bin der Weg"

Dem Gewicht und der Würde von Gottes Botschaft entspricht beim Glaubenden die ehrfürchtige Annahme. Männer und Frauen Gottes werden sein Wort nicht zur Bestätigung der eigenen, intuitiven oder ersonnen Religionsvorstellung verkürzen, um es – im Sinne der *Fabel* Certeaus – zu reduzieren „auf das, was die innere Erleuchtung darin findet"[31]. Die Heilige Schrift wird nicht in der Vitrine feilgeboten, damit für jeden Geschmack etwas abfällt. Mag sie sich dem Hörer auch oft nicht ganz erschließen, so behält sie doch ihre unverrückbare Verbindlichkeit. Eine zentrale Garantin unseres Au-

---

30   DE LUBAC, *Credo*, 258.
31   DE CERTEAU, *Mystische Fabel*, 468.

tors, die heilige Teresa, lässt solche Unantastbarkeit von Gottes Wort
erkennen. Mit ein wenig Mühe erklärt sie ihren Schwestern selbst
das *Canticum dei cantici*. Als Offenbarung soll selbst dieser eher
schwierige Text nicht übergangen oder missverstanden werden.[32]

Urheber

Stärker noch als um das Wort der Heiligen Schrift kreist das Denken dieser großen Heiligen um den Sich-Offenbarenden. Nach Jahren eines verweltlichten Ordens-Lebens wird Glaube für sie gleichsam physisch präsent in der Person Jesu Christi. Mit etwa 40 Jahren
machte sie 1555 im *Kloster der Menschwerdung* zu Ávila eine Erfahrung, die sie zur Umkehr führte. Doch nicht das „Es" eines leeren
Grabes wühlte sie auf, sondern das „Du" einer Person. Sie betrat
beiläufig den Raum, in dem eine Statue mit dem Herrn an der Gei-
ßelsäule aufbewahrt wurde. Diese Figur wurde nur zu bestimmten
Festen hervorgeholt: Jesus als Schmerzensmann in barockem Realismus herausgearbeitet, mit Geißelstriemen und bluttriefenden
Wunden. Obschon die Plastik Teresa nicht unbekannt war, wurde
sie diesmal bei ihrem Anblick tief erschüttert.

„Ich empfand so sehr, wie übel ich ihm diese Wunden vergolten hatte, dass mir das Herz zu brechen schien. Ich warf
mich vor ihm nieder und bat ihn unter reichlich strömenden
Tränen, er möge mich doch mit einem Mal stärken, damit ich
ihn nicht mehr beleidige."

Dieses Erlebnis in dem abgeschiedenen Zimmer wurde ihr „Damas-
kus". Gott gab ihrem Leben eine andere Richtung. Fortan versuchte
sie zurückgezogen, Christi Bild in ihrem Innern zu betrachten und
ihm auf diese Weise geistlich nahe zu sein. Auch griff sie zu guten
Büchern, die ihre religiöse Vorstellungskraft unterstützen sollten.
Die Lektüre der damals schon recht verbreiteten *Bekenntnisse* des
heiligen Augustinus wurde ihr zu einem weiteren Schritt. Sie las
dessen Bericht mit wachsender Bewegung. Dabei gab sie sich völlig
den Tränen hin, in denen – wie sie fühlte – ihr eigenes vergangenes

32   Vgl. S. Teresa di Gesù, *Opere*, 945ff.

Leben dahinfloss, die Zeit der Selbstverliebtheit, der Schwäche, all der mühseligen Armut ihrer Liebe und der Mittelmäßigkeit als Ordensfrau. Über die Schilderung von Augustins Bekehrung hält sie fest:

> „Ich verweilte lange so, in Tränen aufgelöst, inwendig voll Betrübnis und Pein."

Die Begegnung mit dem „Schmerzensmann" und Augustins *Bekenntnisse* werden für Teresa zur *Ruptur*. Sie macht einen elementar neuen Anfang:

> „Hier beginnt ein neues Buch, ein neues Leben. Bisher war es das meine. Von der Erklärung der Gebetszustände an ist es aber, wie mir scheint, das Leben Gottes in mir. [...] Gepriesen sei der Herr, der mich von mir selbst erlöst hat."[33]

Ihr Ich hat aufgehört, ihr selbst zu gehören. Aber Teresa verliert es keineswegs in eine „Nichtung" oder in das Monument eines Toten mit de Certeaus enttäuschender Erkenntnis des: „Das-ist-es-nicht". Christus ist auferstanden und lebt. So kann sie sich selbst ganz vergessen, damit er für ihren Weg die bestimmende Mitte wird. Jesus Christus tritt bei ihr an die Stelle, die durch den eigenen Selbstverzicht Raum erhielt:

> „Mir erschien es, dass Jesus Christus immer an meiner Seite ging, aber ich sah ihn nicht in irgendeiner Weise, denn er war bildlos. Ich fühlte, dass er an meiner rechten Seite war, als Zeuge all dessen, was ich tat. Wenn ich nicht besonders abgelenkt war, gab es keinen Augenblick, ohne dass ich seine Nähe wahrnahm" (257).

---

33   Die drei angeführten Zitate ebd., 100ff. Auch die folgend eingeklammerten Seitenzahlen beziehen sich auf Teresas „Opere".

Tröstendes Du

Schon der frühere knappe Hinweis auf Teresas *Seelenburg* hatte ihre
fortdauernde Gebundenheit an Jesus von Nazareth gezeigt. All ihre
Schriften sind durchzogen mit Anspielungen auf ihn. Etwa:

> Um die Seele zu Gott zu erheben, gibt es „ein sehr gutes und
> nützliches Mittel: sich vorstellen, vor Christus zu sein, mit
> ihm zu sprechen und sich in seine Menschheit zu verlieben,
> ihn immer gegenwärtig zu haben" (123f.).

Jesu personale Nähe bewahrte sie vor Ängsten. Der Glaube an seine
Nähe brachte ihr Trost und Ermutigung.

> „Solange der Herr sich nicht herabließ, mir sein Licht zu
> schenken, war meine Seele immer in Ängsten; denn der
> geistliche Trost dauerte nur kurz. Und wenn er vorüber war,
> fehlte mir seine Hilfe" (213).

Nicht nur ihr selbst sollen solche geistlichen Erfahrungen dienen.
Sie weiß darum, dass Christus allen Menschen seinen Beistand
anbietet. So sieht sie sich auch als Lehrerin des geistlichen Weges
für andere. Und alles beginnt mit Christus. Sie wendet sich hart
gegen die Auffassung, mystische Kontemplation brauche nicht die
bewusste Hinwendung zu Christi Menschsein.

> „Wer die Menschheit Christi ganz und gar ausschließt und
> seinen göttlichen Leib nach dem Maß unserer und anderer
> kreatürlicher Armseligkeit behandelt – nein, nein, das kann
> ich nicht ertragen" (211)!

Ihre Mitschwestern erinnert sie daran, dass die Evangelien den
Herrn in allen uns Menschen möglichen Lebenslagen zeigten – den
schlimmsten und den schönsten. In allen wird er uns zum Weg, damit wir auf ihn schauen und uns von seinem Beispiel führen lassen
können.

> „Er macht sich zu eurem Diener. Er möchte, dass ihr ihm ge-
> bietet, und er lässt sich ganz auf euren Willen ein. Wenn ihr
> euch freut, betrachtet ihn als den Auferstandenen, und wenn
> ihr ihn aus dem Grab herauskommen seht, überschlägt sich

eure Freude. Welche Schönheit! Welcher Glanz! Welche Kö-
nigswürde! Welche Seligkeit" (658)!

Auch ohne weitere Zitate der Heiligen liegt der Abgrund vor Augen,
der sich zwischen Teresa und unserm Autor der *Mystischen Fabel*
auftut. Wenn er sie für seine Sicht einspannt, entstellt er sie zur
Unkenntlichkeit.

Institutions-bejahend

De Certeau wie die Heilige wollten in ihrer Sendung die Kraft der
Innerlichkeit fördern. Sie wussten sich gleichzeitig in die sichtba-
re Glaubensgemeinschaft Kirche eingebunden und litten an deren
irdischer Begrenztheit. Wer die Reaktion auf ihren Schmerz vergleicht, sieht erneut die große Kluft zwischen beiden. In Labadie
wird die Institution für Certeau zur unannehmbaren Schranke. Der
Nomade reibt sich nicht nur an ihr; er befreit sich von ihr; sie ist
ihm bösartig.

Ganz anders unsere Heilige. Nicht dass ihr die hierarchische
Ordnung unserer Kirche eitlen Sonnenschein geschenkt hätte! Spannungen mit ihrem Ursprungsorden, den „Beschuhten";
engherzige, von den Bischöfen ernannte, amtliche Vorgesetzte;
Einmischen selbst des Königs Philipps II. († 1598) für die Erneuerung der Orden; Vorbehalte des Karmeliten-Generals P. Rubeo;
Intervention des Vatikans durch den zunächst wenig einsichtigen
Nuntius Filippo Sega (bezeichnend seine Diffamierung der umtriebigen Teresa als „vagabundierendes Weib") – in der Tat keine Faktoren, sich an der kirchlichen Institution zu freuen und sich ihr zu
beugen. Doch Teresas Glaube war stark und wuchs in den Kämpfen.
Ihre wirklich außergewöhnlichen intellektuellen und geistlichen
Gaben verführten sie nicht zu spiritueller Hybris. Signifikant ein
Ausspruch, der ihre Demut belegt. Es ging um die Gründung eines
neuen Klosters. Teresa hatte Madrid als Standort vorgesehen. Dem
jungen Pater Garcian, der ihr seitens der Karmeliten zugeordnet
war, erschien jedoch die Stadt Sevilla richtiger. Es kam zum Gespräch, in dem Teresa ihre Wahl unterstrich. Doch P. Garcian blieb
bei seiner Auffassung. Daraufhin sagte Teresa nur: „Es ist gut." In

seiner Verwunderung fragte sie der Pater nach ihrem Grund für ihre plötzliche Zustimmung. Sie darauf:

„Wenn ich meinen Oberen gehorche, bin ich gewiss, dass ich nicht irre; wenn ich aber meiner inneren Offenbarung folge, wie kann ich gewiss sein, keiner Täuschung zu unterliegen."[34]

Fraglos empfiehlt dieser Satz keine blinde Verfügbarkeit (manchmal auch „Kadavergehorsam" genannt); genauso wenig ist ein „vorwegeilender Gehorsam" gemeint, der das Wollen der Autorität errät und schon im Vorhinein willfährig ist. Zu beachten ist nämlich, dass die Gehorchende ihre Argumente hatte und vorbrachte. Erst als P. Garcian nachlegte, lenkte sie ein. So bleibt sie auch in dieser delikaten Materie vorbildlich – vielleicht nicht nur für Ordenschristen.

Die Augen des Glaubens

Die vielen Zerstreuungs-Angebote der Moderne haben uns – Gott sei Dank – das Nachdenken nicht genommen. Wir fragen uns nach dem „Sinn des Lebens". Glaubende kommen zusammen, um auf Gemeinde-Ebene ethische oder religiöse Fragen zu vertiefen. Bei Christen beginnen die Gespräche nicht selten mit dem sog. „Brainstorming" – als Bestandsaufnahme über die Situation und vorhandenes religiöses Sachwissen. So entsteht Gemeinschaftsgeist, und die Glaubenswahrheiten, die die Teilnehmer in ihren Köpfen und Herzen tragen, werden ausgetauscht. Gelegentlich verhakt man sich dabei in neue Probleme. Dann wird bewusst, dass man im gängigen Wissen über Gott und seine Offenbarung noch Lücken hat. Vielleicht gibt es jedoch jemanden im Kreis, der sich häufiger mit theologischen Fragen befasst; er soll sich erkundigen und beim nächsten Treffen Auskunft geben. Doch in seinem Studium geht diesem Suchenden bald auf, dass die akademische Diskussion mehrere und sehr unterschiedliche Thesen zum Thema anbietet. Selbst unter denen mit glänzendem Namen herrscht keine Einigkeit. Er findet oft genannte Persönlichkeiten, die sich profilieren, indem sie

34   GIORGIO PAPASOGLI, *Teresa von Ávila*, München 1961, 466.

Alternativen zuspitzen. (Michel de Certeau dürfte freilich weniger bekannt sein.) Am Ende mag man sich dann darauf verständigen, im *Katechismus der Katholischen Kirche* nachzuschlagen. Und die alte katholische Überzeugung anzunehmen, dass wir Gottes Wahrheit in der Lehre der Kirche finden.

Wenn allerdings Gottes Botschaft wirklich genüge getan werden soll, steht mit der gewonnenen Kenntnis der entscheidende Teil immer noch aus. Es fehlt über die mentale Einsicht noch ihre existenzielle Umsetzung; eben sie ist – als Alternative zu intellektueller Hypertrophie – die maßgebliche Seite aller Beschäftigung mit Glaubensdingen. Offenbarung ist uns gegeben, damit wir uns auf die verkündete Wirklichkeit einlassen. Der schon genenannte Jesuit Pierre Rousselot mag nochmals weiterhelfen. Seine Analyse des Glaubensaktes hatte gezeigt, dass es über theologisches Wissen hinaus der Gnade für den persönlichen Zugang zum verkündeten Gott braucht.[35] Dennoch sind all unsere natürlichen Seelenkräfte von Belang. Der Theologe verweist besonders auf die Affektivität. Sie verdichtet und stärkt bekanntlich das Verhältnis zwischen Personen. „Wer liebt, schaut mit neuen Augen; und je tiefer seine Liebe reicht, umso fester gründen seine Überzeugungen" (461). Was für unser Miteinander gilt, lässt sich wieder auf die menschliche Gott-Suche anwenden. Selbstredend sei der Weg zu ihm gesäumt von allerlei Sachkenntnis, und als Wissenschaftler ist er nie in Gefahr, den Glaubensakt in die Irrationalität der Gefühlswelt abzudrängen. Doch Rousselot hatte erkannt, dass es die Kraft der Liebe ist, die auf diesem Weg den Ausschlag gibt (wie vor ihm schon der heilige John Henry Newman). Affektivität vitalisiert die Hinwendung zu Gott. Sie motiviert den Willen des schon Wissenden und lässt ihn antworten. Gott könne so den Menschen locken und unsere Zuneigung entzünden. Das Licht von oben vertiefe dann die intuitive Erkenntnis; es verstärke unsere Schaukraft. Der Vater selbst ist es ja, der nach den Worten des Herrn den Menschen zu Jesus hin „zieht" (Joh 6,44). Alle Beweise, alle Zeichen der Glaubwürdigkeit, nicht einmal so Ungewöhnliches wie die Auferstehung von den Toten können ohne solch gnadenhaftes „Ziehen" des Vaters genügen.

---

35 Vgl. zum folgenden AUBERT, *Le problème*, 460–467 und 502–511.

Freilich muss der Gelockte sich auch öffnen – in der suchenden
Zuwendung und im Horchen auf Gottes Willen. Er muss sich loslas-
sen, um liebesfähig zu werden. Dann potenziert sich seine Neigung
– ein nach dem großen heiligen Augustinus fundamentales Mittel
zu unserm unverkürzten Glaubens-Ja. Er prägte den Satz: „Unsere
Füße sind nämlich auf dieser Reise [scil. zu Gott] unsere Gefühle.
In dem Maß seiner Affekte, in dem Maß seiner Liebe, nähert sich
jemand Gott oder entfernt er sich von ihm."[36]

Post scriptum

Irgendwann las ich Aufzeichnungen von der Beerdigung Michel de
Certeaus[37] Am 13. Januar 1986 wurde der Trauergottesdienst in der
Kirche *St. Ignace* in Paris begangen. Beeindruckend muss die große
Zahl derer gewesen sein, die Anteil nahmen. Mächtig irritiert war
ich allerdings, als mir der Ablauf bekannt wurde. Der verstorbene
Jesuit selbst hatte festgelegt, dass zu seinem Requiem ein bekanntes
Chancon vorgetragen würde. Der liturgiefremde und sehr welthafte
Text prägte die ganze Feier und wurde zur spektakulären Zentral-
aussage über de Certeau – fern allen Auferstehungsglaubens:

> „*Non, rien de rien. Non, je ne regrette rien. Ni le bien qu'on m'a
> fait, ni le mal. Tout cela m'est bien égal. Non, rien de rien. C'est
> payé, balayé, oublié. Je me fous du passé [...].*"
> Nein, überhaupt nichts. Nein, ich bereue nichts. Nicht das
> Gute, das man mir tat, nicht das Böse. All das ist mir völlig
> egal. Nein, überhaupt nichts. Alles bezahlt, weggefegt, ver-
> gessen. Vergangenes kümmert mich nicht. Mit meinen Erin-
> nerungen hab' ich Feuer gemacht [...]."

Édith Piaf

---

36   *Enarr. in Ps.* 94,2 (CCL 39, 1331).
37   François Dosse, *Michel de Certeau. Le marcheur blessé*, Paris 2007.

UNZEITGEMÄßE BETRACHTUNGEN ÜBER DAS DASEIN GOTTES ZUR ZEIT DER WESTLICHEN GOTTLOSIGKEIT

Rocco Buttiglione

Eine heftige Polemik über das Zweite Vatikanische Konzil setzt sich immer noch fort. Einige wollen in ihm den Ursprung und die Quelle aller jetzigen Probleme und Schwierigkeiten der Kirche sehen. Andere hingegen behaupten, es müsse noch vollendet und weitergeführt werden.

Wenn es einem armen Laien, der jedoch ein bisschen Theologie studiert und in der Zeit eine gewisse Lebenserfahrung gesammelt hat, zugestanden wird, die eigene Meinung zu äußern, möchte ich sagen, dass mir beide Kampffronten wirklichkeitsfremd erscheinen. Seit der Eröffnungsfeier des Zweiten Vatikanischen Konzils am 11. Oktober 1962 sind fast sechzig Jahre vergangen, und die Welt hat sich gründlich verändert. Wir müssen uns alle bewusstwerden, dass das Konzil in unsere Vergangenheit und in ein Zeitalter gehört, das nicht mehr das unsrige ist. Ich will damit nicht behaupten, wir hätten vom Konzil nichts mehr zu lernen. Um jedoch von ihm zu lernen, müssen wir es einer geschichtlichen Perspektive zuordnen und es von unserer gegenwärtigen Perspektive her hinterfragen.

Die Wahrheit ist wie Proteus

Die Mythologie der Antike erzählt uns von Proteus.[1] Proteus war immer derselbe, konnte jedoch sehr viele Gestalten annehmen – je nach Umständen und Gegnern, denen er sich entgegenzustellen hatte. Wahrheit ist Proteus ähnlich. Die Wahrheit über den Menschen ist nur eine und ist sich selbst gleich. Die Gestalten der Wahrheit in der Geschichte sind hingegen viele. Jede menschliche Zivilisation, jedes menschliche Zeitalter hat einen eigenen Weg zur Wahrheit und zugleich ihre eigenen Hindernisse und Einwände gegen die Wahrheit, die überwunden werden sollen. So muss die Wahrheit immer wieder neu formuliert werden, damit sie in der Geschichte überzeugend vertreten wird. Wir lesen im Evangelium, wie Jesus sich mit den Pharisäern und den Schriftgelehrten auseinandersetzt. Er stützt sich auf die Texte, die seine Gegner als heilig halten, er vereitelt die für ihn gesetzten Fallen, er ruft zu Hilfe die Sprüche der Lebensweisheit des Volkes, in dem er wohnt.

Sollte er in einer anderen Umgebung sprechen, so würde er eine andere Sprache sprechen, andere Beispiele gebrauchen, andere Gleichnisse erzählen. In seiner Mission zu den Griechen macht sich der Apostel Paulus deren Philosophie und deren Dichter zu nutze. Ebenso erzählen die Evangelisten Matthäus und Johannes dieselbe Geschichte, aber für zwei unterschiedliche Zuhörerkreise. Die Zuhörer von Matthäus hätten wahrscheinlich die Reden von Johannes über den Logos kaum verstanden, sie hätten wahrscheinlich daran Anstoß genommen. Bezeichnend ist das Wunder von Pfingsten: Dieselbe Wahrheit wird in verschiedenen Sprachen verkündigt und mit unterschiedlichen Worten wiederholen alle dieselbe Wahrheit. Dies ist das Geheimnis der Kirche, ihrer Einheit und Mannigfaltigkeit, ihrer Kommunion.

Die Wahrheit überzeugt, wenn sie dem Herzen der Menschen nahegebracht wird. Dafür muss die Kirche eine angemessene Rhetorik finden. Sie muss entscheiden, welche Seite der Wahrheit zuerst

---

1　Protus war eine griechische Meeresgottheit, die die eigene Gestalt verwandeln und jene eines beliebigen Wesens einnehmen konnte. Er besass die Gabe der Prophetie und benutzte seine polymorphe Verwandlungsfähigkeit, um sich jenen zu entziehen, die ihn bezwingen wollten, sein Wissen zu offenbaren. Vgl. Proklos Diadokos, *In rem publ.*, 109/114 Kroll.

und welche erst später darzulegen ist. Und sie wird die Lehren, die auf einen Widerstand stoßen könnten, möglichst nur dann vortragen, wenn schon Voraussetzungen bestehen, damit sie akzeptiert werden. Dazu muss sich die Kirche in jedem Zeitalter den Missverständnissen und den falschen Lehren, die am häufigsten in jener Zeit vorkommen, entgegensetzen. Die Rhetorik des Glaubens ist die Pastoral der Kirche. Die Theologie soll immer zugleich die Pastoraltheologie führen, damit sie der Glaubensverkündigung dient. Immer müssen wir das Lehramt der Kirche in diesen Kontext setzen, um es angemessen zu verstehen. Umso mehr im Falle des Zweiten Vaticanums, weil es eben nicht ein dogmatisches, sondern ein pastorales Konzil sein wollte. Um deshalb dies Konzil zu verstehen, müssen wir vorerst die Frage stellen: Was war die pastorale Absicht des Konzils? Wer waren die Gesprächspartner des Konzils, an die diese Konzils-Väter sich wenden wollten? Sind jene Gesprächspartner immer noch jene, die für die heutige Kirche von Bedeutung sind? Und wer waren die Gegner und die Hindernisse, gegen die das Konzil sprach damals? Natürlich sollte man sich auch die Frage stellen, worin die Probleme, die Gegner und die Gegensätze von heute liegen. Ich habe den Eindruck, dass sich heute viele auseinandersetzen und kämpfen um Themen, die für die Kirche und die Welt von heute völlig uninteressant geworden sind, während andere Themen von brennender Aktualität vernachlässigt werden. Und wer versucht, solch aktuelle Themen auf die Tagesordnung zu setzen, der wird missverstanden und uminterpretiert; man will immer wieder seinen Ansatz auf die Welt von gestern zurückführen.

Die Methode des Konzils

Einige Elemente des Konzils haben fraglos keineswegs an Aktualität eingebüßt. Dies gilt erst recht für die Methode des Konzils. Das Konzil sieht es klar ein, dass der Mensch immer von einem „Sitz im Leben" her auf die Welt schaut. Wir leben in einer Kultur, und unsere Kultur schafft einen transzendentalen Horizont. In ihm werden einige Wahrheiten besonders klar anerkannt, während andere nicht mehr begriffen werden. Einmal hat die Kirche in Europa die allgemeine Kultur und auch diesen gemeinsamen Horizont geschaffen. Heute hat sich ein Horizont durchgesetzt, der für die Kirche fremd ist. Die Verkündigung von Gottes Wort verlangt jetzt von der Kirche vorerst, dass sie in diesen Horizont eintritt, ihn als prägend erkennt. Die Kirche muss sich modernisieren, sie muss lernen, die Sprache der Moderne zu sprechen. Der Dialog mit dem modernen Menschen steht im Mittelpunkt des konziliaren Ansatzes – eine keineswegs leichte Vorgabe für uns! Dialog heißt zwar zuhören, aber zugleich antworten. Man hört zu, um genauer und überzeugender das mitteilen zu können, was ihm am Herzen liegt.

Pius IX. und die Verurteilung der Moderne

Pius IX. verdammt im *Syllabus complectens praecipuos nostrae aetatis errores (Liste der Hauptfehler unserer Zeit)*, dem Anhang zur Enzyklika *Quanta cura*" als einen Hauptfehler den Satz: „Der römische Pontifex darf und soll sich mit dem Fortschritt, dem Liberalismus und der modernen Zivilisation versöhnen und abfinden."[2] Pius IX. behauptet, es sei innerhalb des transzendentalen Horizonts der Moderne unmöglich, die christliche Wahrheit auszudrücken. Der moderne Mensch setzt sich selbst in den Mittelpunkt des Kosmos und der Geschichte, sieht die Welt nur als eine Wirkung der eigenen Tat und in der so verstandenen Welt gibt es keinen Raum mehr für Gott und für die Offenbarung. Der Mensch braucht keine Erlösung. Er ist der Erlöser seines selbst.[3] Tritt die Kirche in diesen transzenden-

---

2   *Syllabus complectens praecipuos nostrae aetatis errores* (1864) LXXX. Es ist bestritten, ob der Syllabus als ein integraler Bestandteil der Enzyklika *Quanta Cura* angesehen und ihm dieselbe Autorität anerkannt werden sollte. Bei dieser Angelegenheit verteidigen wir den Syllabus, als ob er eine solche Autorität besäße und wollen beweisen, dass er keineswegs im Widerspruch zum Konzil steht.

3   Vgl. JOHANN WOLFGANG VON GOETHE, *Prometheus*. So spricht Prometheus Zeus an:
     „Hier sitz ich, forme Menschen
     Nach meinem Bilde,
     Ein Geschlecht das mir gleich sei,
     Zu leiden, zu weinen,
     Zu genießen und zu freuen sich
     Und dein nicht zu achten
     Wie ich!"
     Dieser Text würde als ein Glaubensbekenntnis des modernen Atheismus gesehen. Goethe schrieb aber nur kurze Zeit nach Prometheus „Grenzen der Menschheit":
     „Denn mit Göttern
     Soll sich nicht messen
     Irgendein Mensch."

talen Horizont ein, so muss sie auf viele wesentliche Elemente der eigenen Botschaft verzichten und sich in eine humanitäre Ideologie verwandeln. Dies ist tatsächlich in vielen Fällen geschehen, und ein wichtiger Teil der nachkonziliaren Theologie ist in dieser Falle gefangen geblieben. Doch die Annahme des transzendentalen Horizonts der Moderne war nur ein erster Schritt in der konziliaren Methode. Der Horizont musste zwar angenommen werden, um dann freilich transzendiert zu werden.

Gottes Wort sprengt Grenzen, Gottes Wort schafft Zukunft

Der Horizont der Moderne ist von innen her umzugestalten. Um dies zu tun, ist zunächst die Problematik dieses Horizonts zu erkennen. Die Moderne soll nicht als System, sondern als Problem aufgefasst werden, als Spannung widerstrebender Ansprüche, Evidenzen und Tendenzen. Dann besteht freilich die Möglichkeit, dass eine geschichtliche Gestalt des Christentums von der Moderne infrage gestellt werden mag. Aber andererseits fordert der historische Glaube die ganze Moderne durch die Botschaft Christi heraus, weil diese Botschaft als Antwort auf die tiefste die Moderne unterminierende Frage aufgefasst werden soll. Wer das tut, wird auch dem Ansatz von Pius IX. gerecht. Das Christentum wird nicht verkleinert, um auf die Grenzen der Moderne eingeschränkt und verharmlost zu werden, sondern es erweitert die Grenzen der Moderne, um sie zu ihrer wirklichen Größe zu führen und sie vor der Gefahr einer immanenten Auflösung zu bewahren.

Johannes Paul II. und das Konzil

Für die Kirche war diese Auseinandersetzung mit der Moderne hauptsächlich eine Auseinandersetzung mit dem Marxismus. Der Marxismus war der Gipfel der Philosophie der Immanenz und hatte auch die Philosophie und die Kultur des Westens hägemonisiert.

So widerspruchsvoll ist die Moderne, die Fortschrittliche und Traditionalisten als ein absolut kohärentes System zu betrachten pflegen.

Er hatte sich als vollendeter Humanismus vorgestellt. Der Streit war ein Streit über den Menschen.[4] In seiner Philosophie hat Karol Wojtyła sich zentrale Inhalte des Marxismus angeeignet und, sozuagen, von innen her umgewälzt und transzendiert. Gerade dies war auch die Methode des Konzils: den Horizont der Moderne anzunehmen und zu transzendieren. Im Mittelpunkt der ganzen Philosophie der Immanenz und der Moderne überhaupt stand die Entdeckung der schöpferischen Kraft des Menschen: nicht Gott, sondern der Mensch schafft die Welt durch seine Arbeit. Wojtyła erkennt wohl diese menschliche Fähigkeit, eine eigene Welt zu schaffen. Der Mensch kann dies tun, jedoch nur aus einer Relation zu den anderen Menschen und erst recht zu Gott heraus. Gott liefert dem Menschen die Voraussetzungen seines Schaffens und mit ihnen die Grundlinien, an die er sich halten soll, um wirklich Frucht zu tragen. Der Mensch kann nicht Vater und Schöpfer werden, solange er nicht anerkennt, selbst Sohn und Geschöpf zu sein. Man hat versucht, diesen Gedanken umzuinterpretieren zu einem Zeichen menschlicher Unterlegenheit. Wenn wir aber tiefer in das Wesen der göttlichen Dreieinigkeit hinschauen, sehen wir, dass der Sohn nur aus seiner Beziehung zum Vater wirkt. Die Beziehung (besser gesagt die Liebe) ist die Regel sogar für die göttliche schöpferische Kraft. Der Mensch wird wirklich gottähnlich nur, wenn er akzeptiert, nicht allein, sondern zusammen mit Gott zu schaffen.

Die Überwindung des Marxismus und das Ende der Moderne

Der Marxismus ist zugrunde gegangen, und mit dem Fall der Mauer ist eine Etappe der Weltgeschichte und auch der Kirchengeschichte abgeschlossen. Der Horizont der Moderne wurde angenommen und transzendiert.

Fortschrittliche Theologen hatten allerdings den Akzent eher auf die Annahme als auf das Transzendieren der Moderne gesetzt; sie waren durch den Zusammenbruch des Kommunismus eher ent-

---

4   Nicht zufälligerweise ist dies auch der Titel eines Büchleins, das Wojtyła zusammen mit zwei seiner engsten Mitarbeiter, Tadeusz Styczeń und Andrzej Szostek, verfasst und veröffentlicht hat: *Der Streit um den Menschen*, Kevelaer 1982.

täuscht. Kirchliche Traditionalisten haben diesen Zusammenbruch direkt als Konsequenz des Widerstands der Kirche gegen die Moderne gesehen. Sie haben die Neuheit des Pontifikats von Johannes Paul als geschichtliche Verwirklichung des Konzils nicht erkannt, sondern eher versucht, Johannes Paul II. dem Antimodernismus zuzuordnen.

Die Traditionalisten haben immer behauptet, dass eines Tages die Moderne zugrunde ginge; dann würden die Menschen zu den alten Überzeugungen und guten Sitten der Prämoderne zurückgehen. Sie haben den echten Charakter der Moderne nicht verstanden. Die Moderne wollte das Christliche aufheben, d. h. zugleich vernichten und in einer neuen, nicht metaphysischen und transzendentalen Form aufbewahren. Der echte Gegner der Moderne in ihren Anfängen war nicht das Christentum, sondern *Le Libertinage érudit*.[5] Nach dem Libertinismus nutze die Moderne dann die christlichen Werte ohne ihre Begründung in Christus. Am Ende der Moderne stand eine Alternative, ein echter Scheideweg: entweder eine neue Moderne, eine mit ihren religiösen und christlichen Werten versöhnte Moderne, oder ein erneuerter Skeptizismus, ein neuer *Libertinage érudit*, der inzwischen eine Massendimension gewonnen hatte.

In seiner Enzyklika *Centesimus annus* hat Johannes Paul II. einen Bund des freien Markts mit der Solidarität vorgeschlagen. Es scheint freilich, dass die politischen und kulturellen Führungsgruppen des Westens sich eher für einen Bund zwischen dem monopolistischen Markt und dem moralischen Relativismus entschlossen haben.

Alle Fronten des kulturellen Kampfes haben sich gedreht.

Im Westen ist das Thema nicht länger die Moderne, sondern die Postmoderne: die Überwindung des Menschlichen und der Transhumanismus. Nicht Marx, sondern Nietzsche ist der Gegner und Gesprächspartner von heute.

---

5   Vgl. Augusto Del Noce, *Riforma cattolica e filosofia moderna*, Bologna Il Mulino 1965.

Das Ende des europäischen Zeitalters

Eine andere, noch radikalere Umwandlung tut sich kund: die Welt scheint nicht mehr bereit, der kulturellen Führung Europas Folge zu leisten. Die Kulturen Afrikas, Asiens und Lateinamerikas wollen die Geschichte (und manche Christen auch die christliche Offenbarung) von ihrem eigenen Gesichtswinkel her deuten. Nicht zufälligerweise haben wir jetzt in der katholischen Kirche einen Papst, der aus einem nichteuropäischen Land kommt und der zur Begründung einer lateinamerikanischen Theologie einen entscheidenden Beitrag geleistet hat. Der kirchengeschichtlichen Bedeutung des lateinamerikanischen Pontifikats und der lateinamerikanischen Theologie habe ich andere Studien gewidmet.[6] Bei dieser Gelegenheit werden wir uns eher auf die Wende in der europäischen Kultur konzentrieren. Es ist jedoch klar, dass die transzendentalen Horizonte der Philosophie der Immanenz sich völlig verflüchtigt haben und dass heute die Theologie zu ganz neuen Problemen Stellung nehmen soll. Das Konzil hat diese Wende geahnt und vorbereitet; die Welt jedoch, die es ansprechen wollte, hat sich inzwischen wesentlich geändert oder geradezu umgewälzt.[7]

Wie stellt sich die Frage nach Gott in unserer Zeit?

Wir wollen jetzt von der Frage ausgehen: Wie steht das allentscheidende Thema der Theologie (und der Anthropologie), das Thema Gott, in diesem neuen geistigen Kontext?

Die Frage nach Gott scheint heute mit einem Tabu bedacht. Kaum jemand, der unter Philosophen und erst recht unter Theologen ernst genommen sein will, spricht noch von Gott. Auch dieser Beitrag möchte keinen Beweis für das Dasein Gottes führen. Doch unverzichtbar erscheint es, auf die Konsequenzen hinzuweisen, die aus der Gottvergessenheit fließen. Auch soll versucht werden, zu

---

6   Rocco Buttiglione, *Globalization. Baroque and the Latinamerican Pope,* in: Bryan Y. Lee, Thomas L. Knobel (Hg.), *Discovering Pope Francis. The Roots of Jorge Mario Bergoglio's Thinking,* Collegeville (MN) 2019, und *Elementos para interpretar el Papado latinoamericano* in: Humanitas 22 (2017) 61–79.

7   Mit Johannes Paul II. hat das Konzil den Kampf gegen den Immanentismus gewonnen. Aus diesem Sieg entsteht ein neuer Gegner: der westliche Relativismus.

verstehen, was der Begriff „Gott" impliziert und was mit ihm verloren geht. Niemand hat es besser erkannt als Friedrich Nietzsche. Er erlebte den Nihilismus als tragischen, der heutige ist ein fröhlicher Nihilismus. So steht denn auch sein „Gott ist tot" zur heutigen philosophischen Mode in einem schroffen Gegensatz.

Platon und der Westen

Auf dem Eingangstor von Platons *Akademie* war ein Schild aufgehängt mit der Inschrift: Kein Mensch soll den Fuß hierher setzen, wenn er sich nicht in der Geometrie auskennt.[8] Es ist unzweifelhaft, dass für Platon Mathematik und Philosophie eng miteinander verbunden sind, in einer solchen Weise, dass die Mathematik die unabweisbare Voraussetzung der Philosophie ist. Warum? Es wird oft unterschätzt, wie entscheidend für den griechischen Geist (und für den Geist Europas überhaupt) die Entdeckung der Geometrie gewesen ist. In der Mathematik erkennen wir Wesen und Objekte, die rein geistiger Natur sind, und wir können Wesensgesetze bestimmen, die sich in den materialen Objekten unserer Welt widerspiegeln. Die Ägypter hatten schon die praktische Kunst der Landvermessung geübt. Die Griechen haben klar den Unterschied gesehen zwischen dem mathematischen Objekt und dem materialen Gegenstand, der eine mathematische Gestalt besitzt. Erinnern Sie sich an Ihre Schulzeit, in der wir auf der Tafel ein rechtwinkliges Dreieck gezeichnet und dann bewiesen haben, dass die Summe der Flächeninhalte der Kathetenquadrate dem Flächeninhalt des Hypotenusenquadrats gleich ist? Hätten wir jene Gestalt genau gemessen, so hätten wir ganz gewiss ein anderes Verhältnis der Flächeninhalte erhalten. Es gibt in der Welt der materialen Gegenstände keine rechtwinkeligen Dreiecke, oder zumindest keine perfekten rechtwinkeligen Dreiecke. Die Summe der Flächeninhalte der Kathetenquadrate der materialen rechtwinkligen Objekte beträgt immer ein bisschen mehr oder ein bisschen weniger als der Flächeninhalt des Hypothenusenquadrats. Ein Grund dafür ist, dass die Seiten des

---

8   Diesen Satz wird der Leser vergeblich in Platons Werken suchen. Er kommt aus einer späteren Tradition. Der Begriff ist jedoch unmissverständlich. Vgl. z. B. *Der Staat* VII, 521c und ff.

Materialdreiecks immer ihre Dicke haben müssen, jene der geometrischen Objekte haben hingegen keine. Wir können nicht die geometrischen Objekte aus der Erfahrung der materialen Gegenstände schlussfolgern. Wo können wir dann die geometrischen Objekte herausfinden, wenn sie nicht in der empirischen Welt vorkommen? Die geometrischen Objekte sind geistiger Natur und wir finden sie in unserem Intellekt, weil unser Intellekt auch geistiger Natur ist. Durch die Geometrie (oder, allgemeiner, durch die Mathematik) entdecken wir die Welt des Geistes, an der wir teilhaben. Die Welt des Geistes hat eigene Gesetze, die von denen der Welt der Materie abweichen. Die geistigen Objekte, zum Beispiel, sind ungeboren und unsterblich: sie dauern ewig. Die geistigen Objekte sind in uns; sie sind jedoch von uns, von unserem Willen, von unserer Willkür, von unserer Phantasie durchaus unabhängig. Sie besitzen eine eigene objektive Wirklichkeit. Sie sind in uns, aber gehören uns nicht.

Kehren wir jetzt von der Welt des Geistes zur Welt der materialen Gegenstände zurück. Die dreieckigen Gegenstände dieser Welt sind keine perfekten Dreiecke. Sie gehorchen jedoch, wenn auch unvollständig und mit einer gewissen Abweichung, den Gesetzen, die wir in der ideellen Welt erkennen. Es gibt eine Korrespondenz zwischen der idealen und der materialen Welt. Die ideale Welt gilt als Modell für den Aufbau der materialen Welt. Gott ist, in Platons Auffassung, der Garant der Korrespondenz zwischen der idealen und der materialen Welt. Gott ist die ewige Vernunft, das System der Naturgesetze, die die Welt zusammenhalten, und zugleich der Vermittler zwischen diesen beiden Welten.

Platon liefert uns nicht einen strengen Beweisgrund des Daseins Gottes. Beweisen heißt im strengen Sinne des Wortes, in eine kausale Kette einfügen, und Gott kann in eine solche Kette nicht eingefügt werden. Er steht höchstens am Anfang einer solchen Kette. Er ist eher die transzendentale Voraussetzung einer solchen Kette.

Der Gott von Spinoza

Galileo Galilei und Baruch Spinoza haben den platonischen Ansatz am Anfang der Moderne erneuert, und die ganze moderne Wissenschaft kann außerhalb dieses Schemas nicht gedacht werden. Es

reicht bis zu Albert Einstein und Kurt Gödel. Die allgemeine Hypothese, worauf die moderne Wissenschaft gründet, ist die Möglichkeit, die inneren Gesetze der Materie mit mathematischen Mitteln zu erschließen und zu systematisieren.
Die Katholiken haben oft Spinoza des Atheismus verdächtigt. Dies verrät ein Missverständnis seiner Philosophie. Bei ihm sind Gott und die Natur ein und dasselbe (Deus sive natura). Die Natur von Spinoza ist jedoch eine durch ewige Gesetze regulierte und vergöttlichte Natur. Wir müssen uns bei dieser Gelegenheit darauf begrenzen, ihm dieses notwendige Verhältnis zwischen dem Göttlichen und den Naturgesetzen zu entnehmen.

Zusammen mit Gott stirbt auch die Wissenschaft

Wenn der ganze Bereich des Geistigen verfällt, muss auch die Wissenschaft, wie wir sie kennen, zugrunde gehen. Der geordnete Kosmos wird zum Chaos, und die Suche nach der Wahrheit um der Wahrheit willen weicht der pragmatischen Einordnung (oder auch Verfälschung) der zur Verfügung stehenden Daten im Dienste des eigenen Willens zur Macht. Wir treten in das Zeitalter der Postwahrheit. Was jetzt in der Wissenschaft interessiert, ist nicht die Wahrheit, sondern ihre Verwendbarkeit – und nicht einmal ihre allgemeine Verwendbarkeit im Dienste von allgemeinmenschlichen Zielen, sondern die besondere Verwendbarkeit einiger Erkenntnisse im Dienste des Willens zur Macht einiger Menschen. Der Wille zur Wahrheit hat zur Voraussetzung, alle besonderen Zwecke und Leidenschaften auszuschließen, um der reinen Suche nach der Wahrheit den Vorrang einzuräumen. Im Zeitalter der Postwahrheit lauert hingegen die konkrete Gefahr, dass der Wille zur Macht an die Stelle des Willens zur Wahrheit tritt.
Wir haben soeben darauf hingewiesen, dass Platon uns keinen Beweis des Daseins Gottes geliefert hat; zu behaupten, dass die Welt nur ein Chaos sei, bleibt möglich. Der fröhliche Nihilismus der westlichen Gottlosigkeit verzichtet auf die Idee eines geordneten Kosmos. Ist er sich aber wirklich seiner Auffassung bewusst? Bevor wir den Versuch unternehmen, dieser Frage nachzugehen, müssen wir noch auf eine andere Dimension unseres Problems hinweisen.

Kant und die Unabhängigkeit der Ethik

Es gibt nicht nur mathematische und logische Wesenheiten in unserem Denken. Kant (doch vor ihm schon Sokrates) hat uns darauf aufmerksam gemacht, dass es in uns transzendentale Gesetze des ethischen Handelns gibt, die ebenso gegeben sind wie jene der Mathematik. Er hat sie in dem berühmten „kategorischen Imperativ" formuliert. Dadurch hat er die Ethik vor frühzeitigem Theologisieren bewahrt. Der Unterschied zwischen Guten und Bösen braucht nicht von einem außermenschlichen Gebot oder von dem Raum der Metaphysik abgeleitet zu werden. Er ist in uns, in unserem Gewissen gegeben. Die Zehn Gebote sind nicht wahr, weil Gott sie uns befohlen hat. Im Gegenteil: Gott hat sie uns befohlen, weil sie wahr sind. Sie wären immer noch wahr und verbindlich auch im Falle, dass es keinen Gott gäbe. Wir sehen die ethischen Wahrheiten in uns ein, gerade wie wir die logischen Wahrheiten in uns einsehen.

Es stellt sich hier die Frage (genau wie im Falle der logischen Gesetze), ob die ethischen Gesetze des menschlichen Geistes in der Außenwelt eine Bestätigung und Anwendung finden. Wir haben schon gesehen, dass es immer eine gewisse Abweichung der materialen Welt von den apriorischen mathematischen Gesetzen gibt. Im Falle der ethischen apriorischen Gesetze wächst diese Abweichung zur Gefahr einer spaltenden Kluft: Wer ethisch handelt, wird sehr oft verraten, stigmatisiert, verleumdet. Er riskiert, als ein Verlierer vor die Welt zu treten. Solche Ausgrenzung muss darum von der Hoffnung abgefangen werden, dass es einen Gott gibt, der die Einheit von Glück und Tugend am Ende verwirkliche. Dabei handelt es sich selbstverständlich um eine Hoffnung, nicht um Gewissheit und erst recht nicht um Beweisführung. Dennoch ist sie keine willkürliche Erscheinung. Sie gehört der intimen Struktur des menschlichen Geistes an. Ein Beispiel kann uns helfen, diese Seite des kantischen Gedankens besser zu verstehen. Es ist entnommen dem berühmten Roman von J. R. R. Tolkien *Herr der Ringe* (Stuttgart 2020).

Aragorn ist mit Theoden in „Helms Graben" von den Orks belagert und fast überwältigt. Es scheint, dass alles verloren sei. Aragorn bewahrt jedoch in seinem Herzen ein Versprechen von Gandalf, er werde im Morgengrauen des fünften Tages zu Hilfe kommen. Statt sich dem Unvermeidlichen zu ergeben, unternimmt er einen letzten Ausfall, um Zeit zu gewinnen, und dann erscheint Gandalf mit der Rettungsarmee.

Wohl war es Aragorns Pflicht, mit allen Kräften Widerstand zu leisten. Doch wäre er dazu fähig gewesen, ohne die Hoffnung, am Ende träfe der versprochene Beistand ein? Könnte der Mensch der Pflichterfüllung treu bleiben, ohne die Hoffnung, dass Gott am Ende dem Guten in der Welt zu Hilfe komme?

Nietzsche und der Tod Gottes

Was passiert, wenn Gott stirbt? Oder besser gesagt, welcher Gott stirbt, wenn Gott stirbt? Wir bedenken jetzt das Thema von einem rein philosophischen Gesichtspunkt. Unsere Fragestellung richtet sich nach dem großen Philosophen, dem wir hauptsächlich den philosophischen Begriff von Gott verdanken: Platon.

An der Wurzel westlichen Denkens steht die großangelegte religiöse Reform, die Sokrates (Platon) eingeführt hat. Er hat den Begriff des Göttlichen gewandelt. Diese Reform ist so weit gegangen, dass die Athener Sokrates der Gottlosigkeit angeklagt und ihn zum Tode verurteilt haben. Sie haben (richtigerweise) in seinem Gott ihren Begriff des Göttlichen nicht mehr erkannt. Wir können dafür zwei Hauptgründe angeben:

1. Der Gott Platons ist nur einer. Gott ist eher das Eine. Die vielen Götter der griechischen Religion waren jeweils die Verkörperung einer Kraft der Natur oder der menschlichen Seele. Die Menschen lebten ohnmächtig unter diesen Göttern und waren Beute einmal des einen, einmal eines anderen Gottes. Der Gott nimmt den Menschen in Besitz, indem er ihn begeistert und sich zum Untertanen macht. So ist der Mensch hin und her gerissen, weil sich jeden Tag ein jeweils anderer Gott seiner bemächtigt. Das Ich ist gespalten. Ludwig Feuerbach hat gesagt, Gott sei eine Spiegelung des Menschen. Die Griechen waren eher vom Gegenteil überzeugt: ihnen ist der Mensch ein Spiegel der Götter. Auf alle Fälle behaupten beide (Feuerbach und die Griechen), dass eine Eins-zu-eins-Korrespondenz zwischen Göttern und Menschen bestehe. Wenn es – wie bei Platon – nun nur

einen Gott gibt, dann obliegt dem Menschen die Aufgabe, seine Gespaltenheit zu überwinden. Er muss eins werden, die Leidenschaften zähmen, um eine einheitliche Persönlichkeit zu entwickeln. Er lässt sich von der Vernunft leiten und nimmt sein Handeln in die eigene Verantwortung. Diese Auffassung macht die Mitte der platonischen Theologie (und Anthropologie) aus. Gegenüber der üblichen Auffassung des Göttlichen bei den Griechen (wie auch bei den meisten Naturreligionen) vollzieht sich eine echte Revolution. Sie hat erhebliche Konsequenzen für die Jurisprudenz, die Wirtschaft, die Medizin und unzählige andere Bereiche der Gesellschaft. Aus ihr wächst die Idee einer freien und verantwortlichen Persönlichkeit, wie sie immer noch im Mittelpunkt unserer Zivilisation steht. Auch der Unterschied zwischen psychischer Gesundheit und Krankheit wird grundgelegt: Gesund ist der Mensch, der eins ist; die gespaltete Persönlichkeit ist krank. Das Urmodell psychischer Krankheit ist die Schizophrenie (die gespaltene Persönlichkeit).[9]

2. Platons Gott ist gut. Noch mehr: „Es"[10] ist das Gute an sich. Ihm können keine üblen oder schlechten Handlungen oder Gedanken zugeschrieben werden. Was nicht gut ist, kann nicht göttlich sein. Dieser Ansatz, den wir bei unseren Reden über das Göttliche so leicht als evident voraussetzen, war für die Zeitgenossen von Platon keineswegs selbstverständlich. Die griechischen Götter konnten betrügen, töten, die Frauen der Menschen verführen, sich rächen, gegeneinander kämpfen. [...] Sie waren eitel, gewalttätig, mörderisch, spielten gerne und unbarmherzig mit dem Schicksal der Menschen. [...] Sie mussten so sein, weil sie entweder die Naturkräfte oder die Leidenschaften der menschlichen Seele verkörpern und weil Naturkräfte wie menschliche Leidenschaften weder von einem Band des Kosmos noch von der Einheit der Person zusammengehalten werden. Die Götter der Griechen sind, wie es Nietzsche sehr treffend geschrieben hat, jenseits von Gut und Böse.[11] Nach Platon gibt es eine Auswahl und eine Trennung unter den Göttern. Diese müssen sich entscheiden und ganz gut oder ganz böse werden. Die

---

9   Dies wird am Anfang der Postmoderne von Michel Foucault infrage gestellt: *Wahnsinn und Gesellschaft. Geschichte des Wahns im Zeitalter der Vernunft*, Frankfurt a. M. 1969.
10   Es ist höchst unwahrscheinlich, dass Platons Gott als Person aufgefasst werden könnte und deshalb gebrauchen wir hier das Neutrumpronomen es.
11   FRIEDRICH NIETZSCHE, *Jenseits von Gut und Böse*, Berlin 2006.

Guten werden später in den Listen der Engel, die Bösen in jenen der
Teufel aufgezählt.

Schon vor Platon werden die Götter in dieser Weise unterschie-
den. Die Götter des Himmels wohnen zusammen im Olymp, die
chthonischen Gottheiten haben ihre Sitze unten im Hades. Andere
noch ältere und furchterregendere Gottheiten, die Titanen, wurden
von den olympischen Göttern besiegt und im Tartaros eingesperrt.
Sie machen die Chaos-Kräfte aus. Durch den Sieg der olympischen
Götter wird das Chaos zum Kosmos geordnet. Platon vollendet diesen Fortschritt des griechischen Geistes.

Nietzsche hat klar die Konsequenzen des Todes Gottes gesehen. Wenn Gott stirbt, stirbt zusammen mit ihm zugleich auch der
Mensch oder zumindest der Mensch, wie wir ihn in der Geschichte
des Westens gekannt haben, der westliche Mensch.

Mit Gott verschwindet die moderne Wissenschaft.

Eine andere Idee mag seltsam erscheinen. Lange Zeit hindurch sind
wir Zuschauer der Auseinandersetzung zwischen Wissenschaft
und Glauben gewesen, und unsere Atheisten pflegten zu behaupten, dass sie im Namen der wissenschaftlichen Wahrheit und nur
der wissenschaftlichen Wahrheit gekämpft hätten. Sie haben sogar
den Atheismus als eine Art „Religion der Wissenschaft" dargestellt.
Sie haben jedoch das Wesen der eigenen Position nicht tief genug
durchdacht. Sie waren eher „Spinozisten". Sie haben nicht an den
persönlichen Gott des Christentums geglaubt, haben jedoch den
Gott von Spinoza nicht negiert, der den Zusammenhalt zwischen
den inneren Gesetzen des menschlichen Geistes und den äußeren
Gesetzen der empirischen Welt garantiert. Der Gott des Spinoza übt
letzten Endes nur diese Funktion aus. So bleibt ein Fundament unseres Vertrauens in die wissenschaftlichen Gesetze. Der Gott des
Spinoza liefert uns die Gewissheit, dass die Welt sich mathemati-
sieren lässt, wenn auch nur in einem Prozess der unendlichen Annäherung.

Wenn es keinen Gott gibt, dann verliert diese Behauptung ihr
Fundament. Mit Gott verschwindet die Idee der Natur als zusam-
menhängender Kosmos, und sie wird wieder den Mächten des

Chaos ausgeliefert. Das menschliche Subjekt, das sich unbedingt im wissenschaftlichen Unternehmen engagiert, bricht zugleich zusammen; durch den Willen zur Wahrheit würde es hingegen geboren und zusammengehalten.[12] Nietzsche ist der letzte Mensch, der die Wahrheit so sehr liebt, dass er das letzte Geheimnis der Wahrheit verrät und dass er dann offenbart, es gäbe keine Wahrheit. Mit ihm muss die Liebe zur Wahrheit sterben. Anstelle des Willens zur Wahrheit tritt der Wille zur Macht oder der Wille zur eigenen unbedingten Selbstbehauptung. Ohne Willen zur Wahrheit ist jedoch Wissenschaft nicht möglich. Darum kann sie nur überleben als Werkzeug im Dienste des Willens zur Macht, muss dabei jedoch das ihr eigene Ethos einbüßen. So tritt die Wissenschaft (oder was davon bleibt) in den Dienst der eigennützigen Mächte der Wirtschaft sowie der Politik und kann zur Zerstörung der Erde missbraucht werden.

Mit Gott verschwindet auch der moderne Mensch

Das menschliche Selbstbewusstsein entsteht dadurch, dass der Mensch im Kampf der eigenen Leidenschaften und Impulse Herr seiner selbst wird und so eine einheitliche Persönlichkeit aufbaut. Was den Menschen zu diesem Kampf bewegt, ist der Zauber der Wahrheit. Der Mensch, der sich in die Wahrheit verliebt hat, will alles vom Gesichtspunkt der Wahrheit her auffassen. Er weiß wohl, dass seine Wahrheit unvollkommen ist: die Wahrheit ergreift von ihm Besitz und nicht er von der Wahrheit. Er strebt, nichtsdestoweniger, nach der vollendeten Wahrheit, und die Suche nach der Wahrheit orientiert seinen ganzen Lebenswandel. Dies impliziert eine gewisse Disziplinierung der sinnlichen Triebe, nicht um sie zu zerstören oder zu vernichten, sondern um sie an der Wahrheit auszurichten und im sinnvollen Zusammenhang der einheitlichen Persönlichkeit zu integrieren. Die Destrukturierung des menschlichen Subjektes beginnt hingegen mit der Diffamierung der Askese und der Disziplin und mit dem Vorzug der Authentizität über die Wahrheit. Als Kriterium der Wahrheit gilt jetzt die Kraft der inneren Lei-

---

12   Vgl. EDMUND HUSSERL, *Die Krise der europäischen Wissenschaften und die transzendentale Phänomenologie*, o. O. 2011.

denschaft und nicht die Übereinstimmung mit dem objektiven Stand der Dinge. Die objektive Wahrheit tritt uns entgegen durch die Begegnung mit einem anderen menschlichen Wesen, das die Seiten der Wahrheit gesehen und uns vorgelegt hat, die wir nicht gesehen haben. Gerade deshalb schafft die objektive Wahrheit Gemeinschaft und Einheit unter den Menschen.[13] Die Liebe zur Wahrheit und die Anerkennung der Wahrheit als Maßstab der menschlichen Beziehungen verbindet die Menschen miteinander. Das hatte schon Heraklit am Anfang der Geschichte der westlichen Philosophie anerkannt: Die meisten bleiben der Vernunft fern, als ob jeder eine eigene Wahrheit besitze.[14] Am Anfang der Postmoderne hingegen haben Gilles Deleuze und Félix Guattari die Meinung der meisten formuliert. Sigmund Freud hatte für die Person am Ideal der Einheit festgehalten. In den komplexen und vielschichtigen Kämpfen, wodurch sich das Ich konstituiert, galt es, eine einheitliche Persönlichkeit am Ende zustanden zu bringen. In gewisser Hinsicht ist Freud immer noch ein Aristoteliker: Die Vernunft soll regieren über die Triebe. Und zwar soll (gerade wie bei Aristoteles) die Vernunft politisch und nicht despotisch regieren, d. h. sie soll in ihrer Zielsetzung die vernunftgemäßen Ansprüche der Leidenschaften integrieren. Dazu erkennt Freud im Prozess der Selbstkonstitution der Persönlichkeit die unentbehrliche Rolle der Familie und der Tradition.[15] Der Ödipuskomplex legt diesen Zusammenhang dar.[16] Das Buch von Deleuze und Guattari trägt den Titel *Anti Ödipus*[17] und schlägt eine Umwälzung der Psychoanalyse vor: dem Unbewussten sollte gegen das Ich zum Sieg verholfen werden. Die sogenannte psychische Krankheit ist nämlich authentischer, entspricht direkt den inneren Anregungen der Seele gegen den Versuch des Ichs, eine Norm in Namen der Wahrheit aufzuzwingen.

---

13   Vgl. PAPST FRANZISKUS, Enzyklika *FRATELLI TUTTI des Heiligen Vaters Papst Franziskus über die Geschwisterlichkeit und die soziale Freundschaft*, Nr. 206ff.

14   HERMANN DIELS, *Die Fragmente der Vorsokratiker. Erster Band*, 77 Fr. 2.

15   Es gibt einen notwendigen Zusammenhang zwischen Wahrheit und Tradition. Wir lernen, zu denken und uns in der Welt zu orientieren, im Zusammenhang mit unseren Eltern. Sie offerieren uns die ersten Hypothesen, die wir auf die Probe stellen, um uns in der Welt zu bewegen.

16   SIGMUND FREUD, *Die Traumdeutung*, in: Gesammelte Werke Band II/III, Frankfurt a. M. 1999, 267ff.

17   GILLES DELEUZE, FÉLIX GUATTARI, *Anti-Ödipus. Kapitalismus und Schizophrenie*, Frankfurt a. M. 1997.

Wenn ein Autor wie Peter Singer den Menschen dem Tier gleichstellt,[18] zieht er die letzten Konsequenzen aus der Abschaffung der Idee der Wahrheit. Wie tief dies in die allgemeine Mentalität eingedrungen ist, beweist eine wichtige Änderung im allgemeinen Sprachgebrauch. In der vorigen Generation sagten junge Leute, dass sie Liebe machen wollten; heute sagt man, dass er Sex haben oder Sex machen will. In dem Ausdruck „Liebe machen" war eine gewisse Transzendenz des Genusses nach einer Intimbegegnung der Person mit der anderen enthalten. Jetzt will man Sex haben gerade wie die Tiere. Mann und Frau treffen sich nicht mehr in einer sie miteinander verbindenden und transzendierenden Wahrheit.

Eine offene Frage: Was kommt nach dem Menschen?

Nietzsche war sich wohl bewusst, dass nach dem Tode Gottes ein Zeitalter des seelenlosen Materialismus kommen musste, in dem alle echten menschlichen Werte zugrunde gehen würden. Er hegte jedoch eine unklare Hoffnung, dass später noch eine neue Zivilisation entstehen würde, in der wieder die Werte des ursprünglichen Griechentums auftauchen könnten. Er hat von einem Übermenschen geträumt, der in sich noch einmal wieder das Göttliche mit dem Menschlichen und die chthonischen Mächte mit den himmlischen verbinden und versöhnen sollte. In dem Urgriechentum haben die olympischen Götter ihre kulturschaffende Energie aus ihrem Band mit dem chthonoschen Mächten geschöpft. Dies sollte die Botschaft des Übermenschen sein: die Versöhnung Apollos mit Dionysos.

Diese neue Synthese hat sich jedoch bis heute nicht verwirklicht.

Nietzsche wollte Dionysos befreien. Es hat sich jedoch herausgestellt, dass es unmöglich ist, Dionysos zu befreien ohne zugleich die Titanen und die anderen Ungeheuer der griechischen Mythologie freizusetzen. Die Schreckensherrschaften des XX. Jahrhunderts haben uns aufgezeigt, wie sich die Befreiung der chthonischen Mächte auswirkt, wenn sie nicht mehr durch den Willen zur Wahrheit in Schranken gehalten werden. Die wirklichen Übermenschen,

---

18   Peter Singer, *Animal Liberation. Die Befreiung der Tiere*, Erlangen 2015.

die eine neue Welt durch den eigenen Willen zur Macht heraufbe-
schworen haben, waren Mussolini, Hitler, Stalin, Mao usw. Nietzsche kann nicht dafür verantwortlich gemacht werden. Er hatte sich
die Befreiung des Sinnlichen anders vorgestellt. Er hatte gehofft,
dass die freigesetzten chthonischen Mächte sich durch die Kunst
von Orpheus versöhnen und verharmlosen ließen. Er hat unsere Ur-
sünde nicht sehen wollen oder können. Nietzsche hatte ferner eine andere Alternative in Aussicht gestellt Sie hat in T. S. Eliots *The Hollow Men* ihren Widerklang gefun-
den: „this is the way the world ends, not with a bang but a whimper"
(diese ist die Weise, wie die Welt endet, nicht mit einem Knall, sondern mit einem Wimmern)[19]. Der Übermensch fällt weg, und was
bleibt, ist das allmähliche Verschwinden des Menschen in der unendlichen Vulgarität der Konsumgesellschaft. Der Mensch wird ei-
nerseits auf das Niveau wie die Tiere herabgestuft, andererseits wird
er den Maschinen assimiliert. Nicht zufälligerweise bemühen sich
einige Wissenschaftler Chimären[20] aus menschlichen und tierisch-
biologischen Materialien herzustellen, während die sogenannten
Transhumanisten Hybriden von Menschen und Maschinen fabri-
zieren wollen.[21] Zwischen Menschen und Tieren oder Maschinen
gibt es keinen Wesensunterschied mehr. Die spezifisch menschliche Differenz ist nicht länger ein Schatz, den es zu erhalten und zu
schützen gilt.

Der neue Atheismus und das Christentum

Wir haben versucht, einige wesentlichen Merkmale des neuen
Atheismus zu vermerken. Die Entstehung dieser neuen Lebens-
form lässt die alten Kampffronten nachkonziliarer Polemiken als
völlig veraltet erscheinen. Die Konfrontation mit der Moderne oder
mit der Philosophie der Immanenz erübrigt sich und damit auch
der Gegensatz zur Moderne. Ein Teil der Katholiken hatte früher
die Philosophie der Immanenz mit dem Atheismus gleichgesetzt.

19   Thomas Stearns Eliot, *The Hollow Men* (eigene Übersetzung).
20   Jun Wu, *Interspecies Chimerism with mammalian pluripotent stem cells*, in: Cell 168,
       473/486, January 26, 2017.
21   Anne Balsamo, *Technologies of the gendered body. Reading Cyber women*, Durham 1996.

Die Moderne hatte behauptet, die christlichen Werte ohne ihre transzendente Begründung aufbewahren zu können. Die Transzendentalien (das Wahre, das Gute, das Schöne) wurden nicht verneint, aber als nur menschliche und nicht göttliche Eigenschaften aufgefasst. Jetzt ist diese Philosophie völlig gescheitert. Nach dem neuen Nihilismus muss mit Gott auch der Mensch zugrunde gehen und verschwinden. Dieser Nihilismus präsentiert sich heute nicht in der tragischen Gestalt Nietzsches, sondern in einer neuen, fröhlichen Form. Nietzsche war sich dessen noch bewusst, was der Tod Gottes (und des Menschen) bedeutet, und deshalb ist sein Atheismus ein tragischer. Der neue Nihilismus will nichts davon wissen und scheint deshalb mit sich selbst zufrieden zu sein.

Der Hauptansatz des Konzils, die Versöhnung der Sache Gottes mit der Sache des Menschen, bleibt immer aktuell, muss aber vor einem neuen Gegner neu formuliert werden. Vor diesem neuen Gegner können die Werte der Moderne nur gerettet werden durch eine Rückkehr Gottes. Eine Ahnung davon hatte schon Martin Heidegger, wenn er behauptete, dass nur ein Gott uns retten kann.[22] Die Werte der Moderne können nur gerettet werden, wenn sie wieder in der Transzendenz Gottes begründet werden; wenn der Mensch die Allianz annimmt, die Gott ihm angeboten hat.

---

22   Interview von Martin Heidegger mit Rudolf Augstein und Georg Wolff: *Nur ein Gott kann uns noch retten*, in: Der Spiegel (23.09.1966).